FL SPA 709.2 D143i

Ingram, Catherine
Asi es... Dali

33090015090634   MAIN   12/15

S0-AFK-971

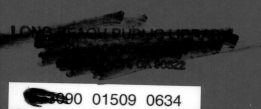
090 01509 0634

así es...

Esta colección presenta
la historia del arte de forma
visual y atractiva. Cada volumen
contiene, además de textos muy
amenos escritos por expertos en
historia del arte, ilustraciones
hechas expresamente para esta
colección por algunos de los
mejores ilustradores del mundo.
Históricamente precisos y fruto
de una investigación meticulosa,
las ilustraciones dan vida
a la historia de cada artista y
explican el contexto de su obra
y sus influencias. Los amantes
del arte encontrarán en esta
colección una introducción
vívida y accesible a la vida
y la obra de los artistas.

así es... Dalí

Título original: *This is Dalí*

Edición: Catherine Ingram
Diseño: Jason Ribeiro / The Urban Ant
Diseño de cubierta: Pentagram Design, basado
en el concepto original de Melanie Mues. Ilustración
de Andrew Rae.
Traducción: Cristóbal Barber Casasnovas
Revisión de la edición en lengua española:
Llorenç Esteve de Udaeta
Historiador de Arte
Coordinación de la edición en lengua española:
Cristina Rodríguez Fischer

Primera edición en lengua española 2014

© 2014 Art Blume, S. L.
Av. Mare de Déu de Lorda, 20
08034 Barcelona
Tel. 93 205 40 00 Fax 93 205 14 41
E-mail: info@blume.net
© 2014 del texto Catherine Ingram
© 2014 de las ilustraciones Andrew Rae

I.S.B.N.: 978-84-9801-736-6

Impreso en China

Todos los derechos reservados. Queda prohibida
la reproducción total o parcial de esta obra,
sea por medios mecánicos o electrónicos,
sin la debida autorización por escrito del editor.

WWW.BLUME.NET

Este libro se ha impreso sobre papel manufacturado con materia
prima procedente de bosques de gestión responsable. En la
producción de nuestros libros procuramos, con el máximo
empeño, cumplir con los requisitos medioambientales que
promueven la conservación y el uso responsable de los bosques,
en especial de los bosques primarios. Asimismo, en nuestra
preocupación por el planeta, intentamos emplear al máximo
materiales reciclados y solicitamos a nuestros proveedores
que usen materiales de manufactura cuya fabricación esté libre
de cloro elemental (ECF) o de metales pesados, entre otros.

así es... Dalí

CATHERINE INGRAM   Ilustraciones de ANDREW RAE

BLUME

Dalí con el pintor Georges Mathieu y una barra de pan de 12 metros
que ambos presentaron en la Feria de París
el 13 de mayo de 1958

Salvador Dalí es uno de los artistas más populares del mundo, conocido por su lujoso estilo de vida, su peculiar bigote y su extraño arte. Como si de un cortejo fúnebre se tratara, Dalí y un grupo de panaderos llevan a hombros una barra de pan de 12 m. El pintor encabeza con solemnidad la marcha, pero detrás de él uno de los panaderos sonríe con satisfacción. La escena es divertida: una gigantesca barra de pan, un artista extremadamente serio y una enorme muleta. Esta es la esencia del surrealismo de Dalí, donde lo ordinario se convierte en extraordinario.

Dalí se consideraba un maestro del Renacimiento (un gran pintor al óleo), aunque su obra supera los límites de la pulcra disciplina de las artes visuales. La gente siente fascinación por su persona. El fotógrafo George Brassaï «sentía predilección por su humor cómico (siempre un paso por delante de sus ideas), le gustaban sus complejos, su seriedad, su desbordante imaginación, el funcionamiento de su cerebro... y a veces incluso sus cuadros».

Los proyectos comerciales de Dalí le abrirían las puertas del reino del arte, aunque en su momento fue despreciado por la comunidad artística. Pero a Dalí no le importó. Amaba el dinero, y el fenómeno Dalí le hizo ganar millones. Su megalomanía no conocía límites. «Todas las mañanas al despertar experimento un placer inmenso: el de ser Salvador Dalí. Y me pregunto a mí mismo, asombrado, ¿qué cosa prodigiosa va a hacer hoy, este tal Salvador Dalí?».

Vida familiar

Salvador Dalí Domènech nació el 11 de mayo de 1904. Era hijo de Felipa Domènech Ferrés y Salvador Dalí Cusí. Tenía una hermana pequeña, Ana Maria. A Dalí le pusieron el mismo nombre que a su hermano mayor, que murió a causa de una gastroenteritis poco después de cumplir dos años. El padre de Dalí era un notario de renombre, y su familia era acomodada. Durante los diez primeros años de vida de Dalí, la familia vivió en la calle Monturiol número 6 de Figueres, en el nordeste de España. Según el propio Dalí, era *el rey de la casa*: «Me lo consentían todo: mojé la cama hasta los ocho años solo porque me divertía. Era el monarca absoluto de la casa. Nada era suficientemente bueno para mí. Mi madre y mi padre me adoraban. Y a mí me gustaba». Sus padres lo veneraban y le concedían todos los caprichos. Cuando se despertaba, su madre le preguntaba: «¿Qué quieres, cielo? ¿Qué deseas, cariño?».

Recuerdos del colegio

Cuando cumplió cuatro años, su padre le mandó a una escuela de educación primaria pública. La mayoría de los niños eran pobres y Dalí, vestido como un pequeño príncipe, llamaba la atención y era acosado constantemente. Tal vez no fuera feliz, pero más adelante, en su autobiografía *La vida secreta de Salvador Dalí*, pasó a ver ese aislamiento y esa soledad como un signo de su superioridad. Su primer maestro, Esteban Trayter, era un «personaje fantástico». Tenía los ojos de un color azul cristalino y se había hecho dos trenzas simétricas en la barba que le llegaban hasta las rodillas. Saqueaba viejas iglesias y llevaba sus trofeos a clase para enseñárselos a sus alumnos. Dalí sentía fascinación por la colección de arte de Trayter, en especial por un cuadro de una niña rusa cubierta de pieles de animal. Creía que era una imagen de su futura esposa Gala.

Dos años después, su rendimiento escolar empezó a decaer: había olvidado el abecedario que su madre le había enseñado en casa. Su padre se enfadó mucho y le mandó a una escuela francófona situada en un campo yermo a las afueras de Figueres. Dado que las clases se impartían en francés, Dalí se confundió aún más. Dedicó el tiempo que pasó en esa escuela soñando despierto, observando los cipreses que se veían desde la ventana del aula, que a él le parecían «de un rojo oscuro, como... si los hubieran bañado en vino». En casa seguía soñando despierto. Permanecía tumbado en la cama durante horas mirando las manchas de humedad del techo de su habitación, imaginando que eran figuras.

Cuentistas

Dalí provenía de una familia de cuentistas que adornaban su pasado para impresionar a los demás. El padre de Dalí le contaba a todo el mundo que su progenitor había sido médico cuando en realidad había sido fabricante de corcho. Cuando el abuelo de Dalí se suicidó saltando de un edificio, la familia contó que había muerto trágicamente a causa de un trauma cerebral. Siguiendo con la tradición familiar, Dalí crea su propia mitología: en su autobiografía *La vida secreta de Salvador Dalí* reinventa su infancia, dotándola del color, la intriga y la oscuridad propias de un genio de la pintura.

Ávido de poder

Dalí estaba obsesionado por la memoria de su hermano. Dalí fue el segundo Salvador. Cuando era niño, sus padres le llevaron a visitar la tumba del pequeño y le dijeron que él era la reencarnación de su hermano. Así, creció con la sombra de su hermano. Como él mismo explicó: «Mi hermano y yo nos parecíamos como dos gotas de agua, pero teníamos reflejos diferentes. Como yo, su cara tenía la inconfundible morfología de un genio. Mostraba alarmantes signos de precocidad, pero su brillantez estaba cubierta de la melancolía propia de una inteligencia insuperable. Yo, por otro lado, era mucho menos inteligente, pero lo reflejaba todo».

Dalí se obsesionó por el poder. En su autobiografía *La vida secreta de Salvador Dalí* describe (o quizás se inventa) episodios de su infancia que reflejan su fortaleza, por no decir crueldad: afirma que pegaba a su hermana y que tiró a un niño por un puente. Su despiadada ambición fue creciendo, y se siguió comportando como un tirano incluso cuando ya era adulto: llevaba consigo unas campanas que hacía sonar con regularidad. Como él mismo manifestó: «¿Cómo si no iban a percatarse de mi presencia?».

De niño, Dalí se sentía autorizado para hacer cualquier cosa. Según recuerda su hermana: «Recibir regalos resultó ser una de las adicciones que Dalí tuvo durante toda su vida. Generalmente se abstenía de darlos». En las raras ocasiones en que no podía satisfacer sus deseos, montaba en cólera, como el día en que vio una tira de caramelos en el mostrador de una tienda; pero la tienda estaba cerrada, por lo que era imposible comprarlos. Se puso furioso y no había forma de consolarlo. Felipa, en lugar de cuestionarle, optaba siempre por tranquilizar a su hijo. Así pues, el amo y señor de la casa aprendió a gobernar y a conquistar.

Momentos de tranquilidad

En el hogar también hubo momentos de tranquilidad. A Salvador Dalí Cusí le gustaba la música y coleccionaba sardanas. Organizaba veladas con sus vecinos en las que todos bailaban sardanas. A los niños les dejaban estar despiertos hasta tarde. La familia Dalí disfrutaba de unas largas vacaciones en la costa, en la península del Cabo de Creus. Los primeros años se alojaron en casa de unos amigos de la familia, aunque más adelante compraron una en una playa cerca de Cadaqués. Dalí fue muy feliz allí. En la escuela escribió: «Durante todos estos días no he pensado en nada más que en Cadaqués. Cada día examino con deleite el calendario y cuento los días que quedan». A lo largo de toda su vida, Dalí vivió en diversas ciudades de todo el mundo, pero como él mismo afirmó, su paraíso fue siempre el Cabo de Creus: «Solo aquí me siento en casa. En cualquier otro sitio, solo acampo».

LOS PIRINEOS

LA TORTUGA

EL CAMELLO

DARNIUS

LA CASA DE DALÍ

DESPUÉS DE QUE
SU PADRE LE PROHIBIERA
IR A CADAQUÉS, DALÍ
SE FUE A VIVIR
CON SU ESPOSA
A PORT LLIGAT.

PORT LLIGAT

CADAQUÉS

RESIDENCIA
VACACIONAL
DE DALÍ

PLAYA DE
ES LLANER

LOS CONTRABANDISTAS
ESCONDÍAN SUS ALIJOS
EN CUEVAS

EL CASTILLO
DE GALA

LOS OLIVOS
SE PLANTABAN EN
HILERAS, CERCADOS
POR PAREDES
DE PIZARRA

PÚBOL

PLAYA DE ES SORTELL

FARO DE
CALA NANS

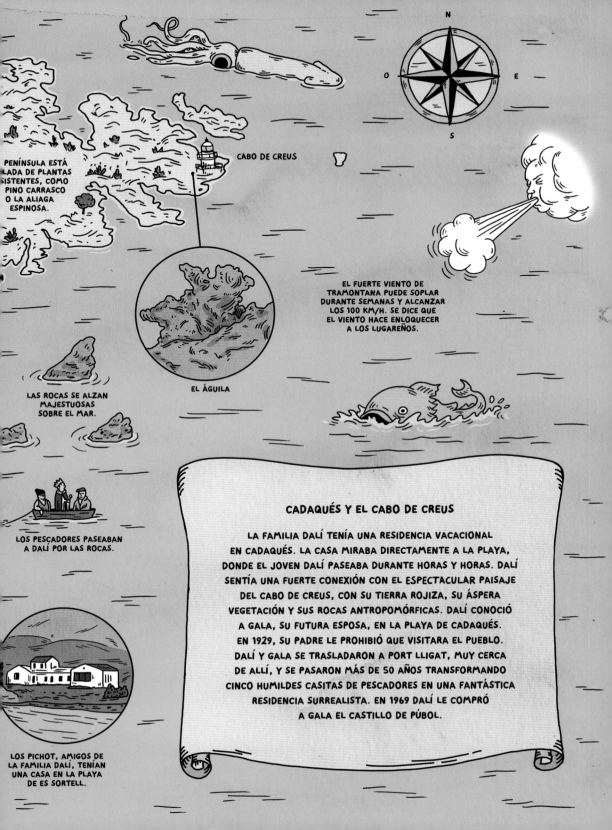

N

O   E

S

PENÍNSULA ESTÁ
LADA DE PLANTAS
SISTENTES, COMO
PINO CARRASCO
O LA ALIAGA
ESPINOSA.

CABO DE CREUS

EL FUERTE VIENTO DE
TRAMONTANA PUEDE SOPLAR
DURANTE SEMANAS Y ALCANZAR
LOS 100 KM/H. SE DICE QUE
EL VIENTO HACE ENLOQUECER
A LOS LUGAREÑOS.

EL ÁGUILA

LAS ROCAS SE ALZAN
MAJESTUOSAS
SOBRE EL MAR.

LOS PESCADORES PASEABAN
A DALÍ POR LAS ROCAS.

CADAQUÉS Y EL CABO DE CREUS

LA FAMILIA DALÍ TENÍA UNA RESIDENCIA VACACIONAL
EN CADAQUÉS. LA CASA MIRABA DIRECTAMENTE A LA PLAYA,
DONDE EL JOVEN DALÍ PASEABA DURANTE HORAS Y HORAS. DALÍ
SENTÍA UNA FUERTE CONEXIÓN CON EL ESPECTACULAR PAISAJE
DEL CABO DE CREUS, CON SU TIERRA ROJIZA, SU ÁSPERA
VEGETACIÓN Y SUS ROCAS ANTROPOMÓRFICAS. DALÍ CONOCIÓ
A GALA, SU FUTURA ESPOSA, EN LA PLAYA DE CADAQUÉS.
EN 1929, SU PADRE LE PROHIBIÓ QUE VISITARA EL PUEBLO.
DALÍ Y GALA SE TRASLADARON A PORT LLIGAT, MUY CERCA
DE ALLÍ, Y SE PASARON MÁS DE 50 AÑOS TRANSFORMANDO
CINCO HUMILDES CASITAS DE PESCADORES EN UNA FANTÁSTICA
RESIDENCIA SURREALISTA. EN 1969 DALÍ LE COMPRÓ
A GALA EL CASTILLO DE PÚBOL.

LOS PICHOT, AMIGOS DE
LA FAMILIA DALÍ, TENÍAN
UNA CASA EN LA PLAYA
DE ES SORTELL.

Una realidad mutante

Erosionadas por el viento de tramontana y el agua del mar hasta crear espectaculares formas orgánicas y antropomórficas, las grandes rocas situadas cerca de la costa de Cadaqués formaban parte del folclore local, y Dalí llegó «a saberse de memoria cada uno de sus contornos». Para él eran como un «diccionario visual»: en sus pinturas reprodujo las texturas y las espectaculares formas de estas rocas. Para Dalí, su característica más destacable era el modo en que parecían metamorfosearse en otras formas. Según él mismo describe: «A medida que avanzábamos con la lentitud propia de un bote de remos [...] todas esas imágenes se transfiguraban: las puntas del yunque se volvían redondas, exactamente iguales que los pechos de una mujer». Más adelante, Dalí exploraría diferentes maneras de mostrar en sus pinturas y películas cómo mutaban las formas.

La comodidad de los desconocidos

En la época de Dalí no había buenas carreteras para acceder a Cadaqués. Como estaba aislado, el pueblo tenía un encanto muy especial. Las sencillas construcciones blancas se apilaban como las piezas de un juguete de construcción, y se usaban espinas de pescado para pavimentar las calles. La vida cotidiana en el pueblo era más bien primitiva: el agua se iba a buscar a un pozo, y como la electricidad raras veces funcionaba, las casas estaban iluminadas con velas. Dalí, al que dejaban campar a sus anchas, estaba constantemente en contacto con desconocidos. Los pescadores eran amables con él y le llevaban a dar paseos en barca por las grandes rocas. Dalí se hizo amigo del contrabandista (que le dejaba usar su cabaña como estudio) y de la «bruja del pueblo», Lídia Nogueres. Más tarde, en su autobiografía, Dalí glorifica el comportamiento salvaje de Lídia: «sentada en el suelo... clavó con gran habilidad unas tijeras en el cuello de una gallina y colocó la sangrante cabeza en una profunda vasija de barro esmaltada». Según él mismo afirmó, más tarde basaría su «método paranoico-crítico» en el estado mental paranoico de Lídia. Las relaciones que entabló en Cadaqués marcaron un patrón que se repetiría a lo largo de toda su vida. Sentía atracción por las personalidades intensas, como más adelante reconocería su amigo Carlos Lozano: «Lo más manifiestamente normal enfurecía a Dalí». El rey de la casa quería estar entretenido. Según Lozano, en una ocasión le dijo: «Estás aquí para dar y recibir placer. Debes contarme cosas interesantes. Estoy en un permanente estado de erección intelectual. Debes cultivar tus historias como si fueran plantas: cuidar de ellas y alimentarlas».

El baño como estudio de pintura

En julio de 1912, la familia se trasladó a otro domicilio situado en la calle
Monturiol. El piso tenía una terraza en el tejado. Al pequeño rey de la casa
le encantaba la privilegiada perspectiva que ofrecía el lugar: «La panorámica,
que abarcaba hasta la bahía de Roses, parecía obedecerme y depender de
cómo la miraba». Dalí convenció a su madre para que le dejara usar como taller
de pintura un viejo lavadero que había en el tejado. Era pequeño, pero Dalí era
un niño emprendedor. Se sentaba en la tinaja de cemento para pintar. En verano,
cuando hacía mucho calor, la llenaba hasta que el agua le llegaba por la cintura.
También convirtió la vieja tabla de lavar en un caballete y usaba a modo
de lienzos las sombrereras de la sombrerería de su tía.

Una mente visual

Dalí guardaba en su estudio una colección de libros de arte de Gowan que su padre había reunido para él. La serie de libros era peculiar: apenas tenían texto, y cada volumen era una descripción en 60 ilustraciones en blanco y negro de uno de los grandes maestros de la pintura. Para Dalí, las imágenes eran tan gráficas que parecían reales. Más tarde, el pintor recordaba el volumen de Ingres y cómo «se enamoró» de la niña desnuda de *La fuente*. Hablaba como si hubiera entrado en las pinturas. En una ocasión, mientras reflexionaba sobre la colección, afirmó: «Estoy seguro de haber tomado un picnic en ese sombrío claro de Watteau y de haber caminado por uno de los paisajes de Tiziano».

Dalí creció durante una revolución visual que vio nacer el cine y el fotoperiodismo. Sentía fascinación por las nuevas tecnologías. Su primer profesor, Esteban Trayter, tenía una colección de visores estereoscópicos, y dejaba que Dalí y el resto de los alumnos jugaran con ellos. A Dalí le intrigaban esos objetos que conferían a las imágenes una misteriosa tridimensionalidad.

El primer cine de Figueres abrió sus puertas el año en que nació Dalí. Como regalo, un sábado por la mañana sus padres le llevaron a ver los últimos estrenos. Según muchos historiadores, mucha gente se asustaba o gritaba al ver por primera vez imágenes cinematográficas. Con frecuencia, las películas no tenían argumento. Basadas en los espectáculos de feria de principios de siglo, eran una especie de *gags* visuales que jugaban con lo inesperado y cuyo principal objetivo era sorprender al espectador. Los cineastas empezaban con una imagen «estática», que después transformaban de algún modo: por ejemplo, un tren parado podía cobrar vida y precipitarse, echando humo, hacia el espectador.

Como la mayoría, Dalí se quedó cautivado. Su madre le compró un proyector portátil con el que proyectaba cortometrajes en la pared. El lenguaje de las primeras películas fue muy importante en la vida de Dalí. Le gustaba sorprender a su público, y le interesaba mucho mostrar las cosas en proceso de transformación. Dalí estaba al tanto de los avances que tenían lugar en los ámbitos del cine y la fotografía, y reproducía efectos cinematográficos en su obra.

Talento precoz

Dalí mostró talento artístico desde muy pequeño. En junio de 1916, con solo 12 años, se fue a pasar una temporada con unos amigos de la familia, los Pichot, un período que se convirtió en un experimento impresionista. La finca de los Pichot, con sus campos de trigo y sus olivares, parecía una escena impresionista. Ramon Pichot, un renombrado pintor impresionista, le enseñó a Dalí las técnicas impresionistas. Sorprendido por el uso radical del color y del pincel, Dalí escribió: «No tenía ojos suficientes para ver todo lo que quería ver en esas gruesas e informes manchas de pintura… me quemaba en la garganta como un trago de armañac mal engullido». Jugando a hacerse el brujo, Dalí paseó por la finca mirando a través del tapón de cristal de un decantador que hacía que los paisajes parecieran pinturas impresionistas. Tras su visita a la familia Pichot, pintó *Vista de Cadaqués con la sombra del Monte Pani*. Se trata de una pintura prototípicamente impresionista: las características pinceladas de colores recogen los efectos de la luz. No obstante, el impresionismo era todavía un experimento en ciernes. Dalí no se identificaba con las pastoriles escenas campestres; prefería el dramatismo y la magia del paisaje de Cadaqués.

Ramon Pichot recomendó al padre de Dalí que lo matriculara en la escuela municipal de pintura de Figueres. El profesor de arte, Juan Núñez, reconoció su talento y le ayudó a perfeccionar su técnica. Según Dalí, Núñez fue el mentor más importante en su desarrollo como artista. Al final de su primer año, Dalí fue galardonado con un certificado de excelencia, y su padre organizó una pequeña exposición en su honor en su domicilio de Figueres.

La Academia de San Fernando, Madrid, 1922-1926

En 1921 la madre de Dalí murió a causa de un cáncer de útero. Según el propio Dalí, la pérdida de su madre hizo que estuviera aún más decidido a triunfar: «Juré arrebatar a mi madre de las manos de la muerte y del destino con las espadas de luz que algún día brillarían salvajemente alrededor de mi glorioso nombre». Al año siguiente, Dalí abandonó el hogar familiar para estudiar en la madrileña Academia de San Fernando. La escuela de arte fue una decepción para él: «Entendí de inmediato que esos viejos profesores cubiertos de honores y condecoraciones no podían enseñarme nada». Sus profesores seguían el impresionismo francés, un movimiento que Dalí ya había superado. Este afirmó que en 1923 le suspendieron por haber cuestionado los méritos de un nuevo profesor, y que tres años después fue expulsado por haber dicho que sus maestros no eran aptos para evaluar su obra. No obstante, la estancia en Madrid fue en general una experiencia positiva. Dalí se inspiró en el arte del Museo del Prado, en especial en la colección de Velázquez. Pero lo más importante de su período en la capital española fue la vida social que había en la «Resi», la residencia de estudiantes.

Vista de Cadaqués con la sombra del Monte Pani
Salvador Dalí, 1917

Óleo sobre lienzo
39,5 × 48,3 cm
The Salvador Dalí Museum, St. Petersburg, Florida

La metamorfosis de Dalí

El director de la «Resi» era Alberto Jiménez Fraud. Al adaptar el sistema
de Oxford y Cambridge creó un ambiente universitario estimulante: allí
pronunciaron conferencias algunos de los grandes pensadores del momento,
como Albert Einstein; asimismo, la biblioteca del centro albergaba libros con
las teorías más actuales. La obra de Sigmund Freud acababa de ser traducida al
español, y Dalí y sus amigos la leían y la sometían a largos debates. El ejemplar
de la obra de Freud *La interpretación de los sueños* que Dalí usó en la academia
está repleto de subrayados y anotaciones. Más adelante, Dalí manifestó que
«el texto se le presentó como uno de los grandes descubrimientos de su vida».
Fue pocos años antes de que Dalí explorara las ideas freudianas en su arte.

En la residencia, Dalí conoció a personas con ideas afines a las suyas. Formaba
parte de un grupo de artistas entre los que se encontraban el cineasta Luis
Buñuel y el poeta Federico García Lorca. Las relaciones no eran fáciles, ya que
había muchas envidias y rivalidades. Al principio, a Dalí no le gustó nada el líder
del grupo: «Sabía que Lorca brillaría rabiosa e intensamente como un diamante.
De pronto me entraron ganas de correr para que nadie me viera en tres días».

Lorca y Dalí se obsesionaron el uno por el otro. En uno de sus poemas, Lorca
exaltaba a un «Salvador Dalí de voz aceitunada», y Dalí pintó a Lorca como la
figura divina de san Sebastián. Juntos desarrollaron una teoría sobre el arte.
La historiadora del arte Mary Ann Caws sostiene que «algunos de los mejores
escritos de Dalí sobre su propia pintura iban dirigidos al poeta». Dejando
a un lado la hipérbole, Dalí se dirige a Lorca con gran intimidad, dejando
al descubierto una faceta más cálida y poética del artista: «Siento el amor
de la hierba, espinas en la palma de la mano, las orejas rojas por el sol».
Lorca intentó seducir a Dalí, pero según el artista, no sucedió gran cosa.
Su madre era extremadamente católica, y la homosexualidad era ilegal:
quizás Dalí se amedrentó. Se puede decir que su relación terminó cuando
Dalí conoció a su futura esposa. El pintor fue siempre muy reservado
en cuanto a su identidad sexual. Años más tarde flirtearía con sus modelos
varones y practicaría el voyerismo.

Los nuevos amigos de Dalí eran todos dandis, conocidos por su vida lujosa y su
elegante forma de vestir. Cuando llegó a la escuela de arte, interpretó el papel
del artista romántico. Vestía de negro de pies a cabeza, se blanqueaba la piel,
se teñía el pelo de negro y usaba lápiz de ojos negro. Pero pronto vio el potencial
que tenía la imagen de dandi, y decidió: «Mañana me vestiré como los demás».
Creía que si se comportaba como la realeza, sería tratado como un miembro
de la misma. Pareció funcionar. Aunque era solo un estudiante, asistía a fiestas en
los hoteles más lujosos de Madrid. Sus amigos, su familia y varios coleccionistas
de arte costeaban su lujoso estilo de vida. El amor de Dalí por el dinero y la fama
acabaría irritando al mundo del arte.

EN SU *VIDA SECRETA*,
DALÍ DESCRIBE EL DÍA DE
LA TRANSFORMACIÓN:

...FUE AL BARBERO
A CORTARSE
LA MELENA...

...ELIGIÓ UN CARO
TRAJE *TWEED*...

...SE COMPRÓ
UNA CAMISA
DE SEDA AZUL...

...UNOS MAGNÍFICOS
GEMELOS DE
ZAFIROS...

...Y UN
BASTÓN
DE BAMBÚ.

MÁS ADELANTE EMPEZARÍA
A USAR BARNIZ COMO
FIJADOR DE PELO.

VARNISH

Y TAMBIÉN SE ENCERABA
EL BIGOTE PARA DARLE
SU CARACTERÍSTICA
FORMA.

El arte de Dalí (1922-1926)

Según el poeta José Moreno Villa, durante su estancia en la academia de arte «Dalí jugó dos cartas aparentemente opuestas… la "carta tradicional" y la carta de la audacia». Experimentó con todos los estilos vanguardistas europeos. Tras probar con el impresionismo, empezó a experimentar con el neoimpresionismo, el futurismo y el cubismo. En las exposiciones, sus obras a menudo eran criticadas por constituir una amalgama inconexa de múltiples estilos.

En una serie de retratos íntimos de su hermana, Ana Maria, emerge una visión más singular. En la pintura *Figura en una finestra* (*Figura en una ventana*), Dalí representa a su hermana contemplando el paisaje marítimo de Cadaqués. La pieza de tonos grises y azules en perfecta armonía presenta una austeridad clásica. Todos los elementos están en completo equilibrio: la línea del horizonte es paralela al eje horizontal de la ventana, y la dirección de las tablas del suelo y las lamas de la ventana señalan el punto de fuga.

Dentro de este universo ordenado hay un «realismo obsesivo» subyacente. Dalí representa cada elemento con una precisión asombrosa, desde el cabello de su hermana y los pliegues de su vestido hasta la casa reflejada en la ventana. Su atención al más mínimo detalle crea un efecto congelado e hiperrealista. En 1926, Dalí empezó a mirar más allá de su familia y regresó al paisaje de Cadaqués, representándolo con el mismo naturalismo extremo.

Picasso contempló este retrato en la primera exposición monográfica de Dalí celebrada en la Sala Dalmau y le gustó mucho. Picasso habló de Dalí a sus amigos y marchantes de arte Paul Rosenberg y Pierre Loeb, quienes viajaron a España con el único propósito de ver las obras más recientes del pintor. Loeb no ofreció nada por él, pero Picasso siguió siendo un fiel defensor de la obra de Dalí. Cuando este se trasladó a París, Picasso intentó ayudarle de nuevo, esta vez presentándole a su mecenas, Gertrude Stein. No obstante, este encuentro tampoco resultó fructífero. Con el tiempo, Picasso se volvería más cauto y se iría distanciando del extravagante artista surrealista.

Figura en una finestra (Figura en una ventana)
Salvador Dalí, 1925

Óleo sobre cartón piedra
105 × 74,5 cm
Museo Nacional Centro de Arte Reina Sofía, Madrid

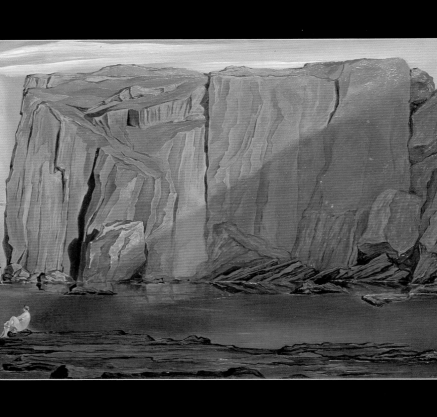

Penya-segats (Mujer sobre las rocas)
Salvador Dalí, 1926

Óleo sobre tablero de olivo
26 × 40 cm
Colección privada

Lo extraordinario en lo ordinario

A mediados de la década de 1920 Dalí empezó a escribir sobre arte. Sus ensayos desarrollan algunas de las ideas que debatió con Lorca. Rechazaba la tendencia del arte a embellecer y a idealizar, y condenaba el arte expresivo. Dalí y Lorca usaban el término peyorativo «putrefacto» para describir el arte relacionado con los sentimientos y las emociones. Tras dejar a un lado las emociones y la belleza, Dalí estableció los parámetros de un arte nítido y objetivo. En una carta dirigida a la familia, escribió: «Estoy inventando una nueva forma que es puramente natural... que captura... el exterior de las cosas». Un pescador de Cadaqués alabó la atención al detalle de Dalí por la forma en que representaba el mar, porque, según él, «se podían contar las olas». En el *Poema de les cosetes*, Dalí llega a celebrar esta obsesión subyacente al repetir la palabra «cosetes» («cositas») doce veces seguidas.

Penya-segats («Acantilados») es una obra maestra geológica. En ella se transmite la textura y la materialidad de todas las cosas: las rocas parecen duras, afiladas y cristalinas, y los acantilados parecen fundirse abruptamente en el mar, como el propio Dalí describe los del Cabo de Creus: «El punto donde los Pirineos llegan al mar en un grandioso delirio geológico».

El naturalismo de Dalí es en cierto modo inquietante. Aunque la percepción normal presenta cierta pendiente, la mirada «ampliada» de Dalí aplana la profundidad de campo. Observa el mundo, como él mismo afirma, «con la mirada del ojo más claro, anestésico y sin pestañas». En esta pintura, como en el retrato de su hermana, su transcripción detallada es extraordinaria. Con cada «coseta» perfectamente enfocada, vemos el mundo intensificado. En la superficie de las rocas se forma una serie de estampados ondulantes. Esta pintura descubre una «maravillosa» belleza de Cadaqués.

La mujer desnuda

¿Y la figura desnuda que aparece en la pintura? La pálida mujer parece estar fuera de lugar en medio de los escarpados acantilados de Cadaqués. Se trata de una figura clásica más propia de una pintura de Claude Lorrain o de un paisaje pastoril de Tiziano. Cabe recordar que de niño, Dalí leyó con detenimiento toda la colección de libros de arte de Gowan y que se imaginaba a sí mismo tomando un picnic con este tipo de personajes. Para Dalí, eran tan reales como las rocas de Cadaqués.

Dalí en París

En abril de 1926 viajó a París, el epicentro del arte. Exploró el museo del Louvre y estudió a los grandes maestros de la pintura. El vanguardismo le entusiasmó. Visitó a Picasso, quien le enseñó su obra y le habló al joven artista sobre su propia obra. Entre 1926 y 1927, Dalí experimentó con el cubismo pintando sujetos (bodegones y retratos) y representando planos cubistas.

También se reunió con varios surrealistas, entre ellos el líder del movimiento, André Breton. Dalí tuvo una relación más bien difícil con los surrealistas a lo largo de los años, pero sus ideas coincidían en puntos importantes. Como a Dalí, a los surrealistas les interesaba lo «extraordinario». Breton buscaba una «belleza maravillosa». A Dalí le impresionó muchísimo la «intensidad» de las pinturas surrealistas: los paisajes de ensueño de Max Ernst e Yves Tanguy y las evocadoras pinturas de Giorgio de Chirico, con sus acechantes sombras, sus portales abiertos y sus perspectivas alargadas.

Giorgio de Chirico
Misterio y melancolía de una calle, 1914.
Óleo sobre lienzo
87,1 × 71,4 cm.
Colección privada.

Coquetear con el surrealismo (1927-1928)

Entre 1927 y 1928, Dalí se mantuvo alejado de los surrealistas. El surrealismo todavía estaba en un estado embrionario, y sus representantes se centraban en el flujo involuntario de pensamiento inconsciente. En su primer manifiesto, publicado en 1924, André Breton definía el movimiento como un «puro automatismo físico mediante el cual uno se propone expresar, oralmente, por escrito o a través de cualquier otro medio, el verdadero funcionamiento del pensamiento. El dictado del pensamiento carente de todo control ejercido por la razón, alejado de cualquier preocupación estética y moral».

Los surrealistas desarrollaron la técnica del dibujo «automático», mediante la cual el artista dejaba que el bolígrafo «deambulara» sobre el papel y daba rienda suelta a procesos inconscientes. El *Dibujo automático* de André Masson es un ejemplo prototípico de esta técnica: la amalgama de líneas representa el flujo de lo inconsciente, y de los caóticos garabatos emergen unas imágenes borrosas. Dalí hizo unos cuantos experimentos con este método, pero enseguida lo descartó, como descartó los «turbios procesos subconscientes» de los surrealistas. Le interesó la idea de la surrealidad, pero pensó que podía encontrarla en la más «pura y cristalina objetividad».

André Masson
Dibujo automático,
1924.
Tinta sobre papel.
23,5 × 20,6 cm.
Museo de Arte Moderno,
Nueva York.
Donación anónima
(873.1978).

Fotografía

A partir de mediados de la década de 1920, Dalí pregonó la «clara objetividad de la pequeña cámara». Para él, la ventaja del celuloide consistía en que dejaba de forma directa una huella de realidad y representaba las cosas con una «precisión» asombrosa. Dalí tenía una especial sensibilidad por el lenguaje de la fotografía y el cine, y reprodujo algunos efectos técnicos en sus obras. En *Los esfuerzos estériles* se sirve del primer plano de cámara. El cuerpo humano se revela con un grado de detallismo casi microscópico: el torso presenta antiestéticas arrugas y la piel está repleta de un vello áspero.

En su ensayo «Fotografía, pura creación de la mente», Dalí habla de la poesía de la fotografía y de cómo en efecto responde a la necesidad de lo maravilloso en el arte que proclamaba Breton. Explica cómo el «primer plano» y un «sencillo cambio de escala [provocan] similitudes inusuales y [...] analogías nunca imaginadas». Dalí ilustra otro ensayo con una fotografía del ojo de un marabú inspirado en un libro de László Moholy-Nagy. La fotografía es increíble, con capas de mundos coexistentes: la piel arrugada del marabú es como un paisaje arado, y en la pupila del animal se refleja la sombra de un hombre con un sombrero y con árboles detrás.

Como los mundos estratificados reflejados en el ojo del marabú, *Los esfuerzos estériles* es una «maravillosa» yuxtaposición de realidades diferentes, aunque mucho más siniestras. La amalgama de torsos fragmentados, cabezas decapitadas, animales en descomposición y charcos de sangre sugiere una psique trastornada y paranoide.

Ojo de marabú, 1925.
De *Pintura, fotografía, cine* (1925),
László Moholy-Nagy

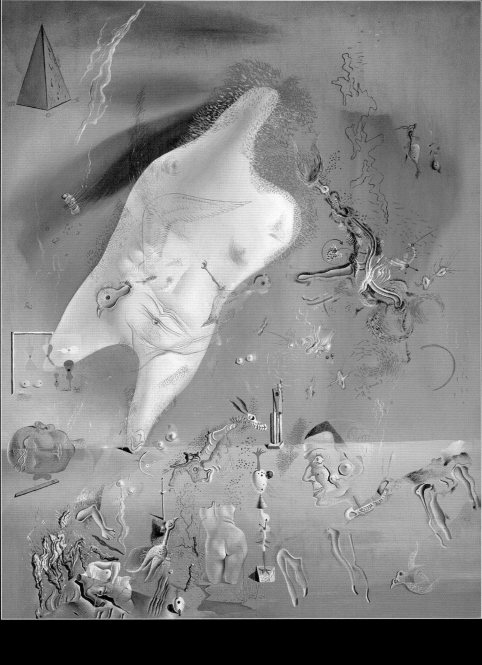

Los esfuerzos estériles
Salvador Dalí, 1927-1928

Óleo sobre tablero contrachapado
64 × 48 cm
Museo Nacional Centro de Arte Reina Sofía, Madrid

Estudio para «La miel es más dulce que la sangre»
Salvador Dalí, 1926

Óleo sobre tablero
36,5 × 45 cm
Fundació Gala-Salvador Dalí, Figueres

La miel es más dulce que la sangre

Aunque seguía mostrando cierto recelo hacia el surrealismo, Dalí fue adoptando cada vez más elementos de su repertorio. Empezó explorando uno de los temas centrales del surrealismo: los sueños. En su *Estudio para «La miel es más dulce que la sangre»*, Dalí nos imbuye en un sueño. Todo está dormido. El cuerpo aparece desplomado, como adormecido, y los ojos de la cabeza cortada están cerrados. Mientras que el cuerpo aparece en reposo, «la mente» (el centro de la imaginación y de los sueños) está pintada con colores claros y aparece llena de vida. Los pensamientos durante el sueño se representan mediante imágenes dispersas, como la del burro en descomposición o la de la marabunta. Dalí pretende mostrar múltiples estados emocionales: los pechos en el cielo parecen también ojos que parpadean. La analogía carece de la intensidad que posee el ojo de marabú.

El formato es similar al de los paisajes esotéricos de Yves Tanguy que Dalí había visto en París un año antes. Como Tanguy, Dalí dibuja un horizonte nítido para separar el cielo del paisaje amorfo y un conjunto de extrañas formas biomórficas y geométricas que proyectan inquietantes sombras.

André Breton no era muy partidario de la energía agresiva. Al querer desesperadamente que Dalí se uniera al surrealismo, Breton optó por eludir de manera cortés las cabezas decapitadas, la sangre y las posteriores manchas de excrementos de las pinturas de Dalí. Mientras tanto, este empezó a derramar toda esa energía. En marzo de 1929 se trasladó a París para trabajar con su viejo amigo Luis Buñuel en su espeluznante película *Un perro andaluz* (*Un Chien Andalou*).

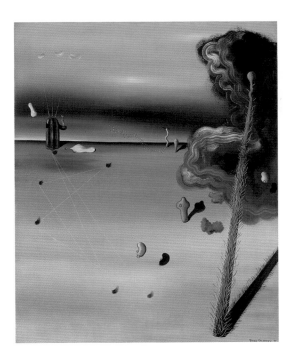

Yves Tanguy
Mamá, papá está herido, 1927.
Óleo sobre lienzo. 92,1 × 73 cm.
Museum of Modern Art,
Nueva York. Adquisición (78.1936).

Surrealismo en el cine

Dalí y Buñuel rodaron *Un perro andaluz* en tan solo unos pocos meses.
El filme es inquietante: un montón de hormigas salen del agujero que un
hombre tiene en la mano y un burro en descomposición aparece tumbado
sobre un piano. No obstante, lo más impactante tiene lugar en la primera
escena. La película empieza con un hombre en actitud pensativa observando
la luna. El blanco de la luna se convierte en el blanco del ojo de una joven,
y de repente el hombre le raja serenamente el ojo. Para conseguir este efecto
visual, Dalí y Buñuel usaron la técnica del *fast cutting*. Primero filmaron la
secuencia usando el ojo de un animal: lo rajaron y dejaron salir el líquido
de su interior. Después superpusieron la toma sobre otra en la que un hombre
mantenía abierto el ojo de una mujer. Incluso si se conoce el truco, la escena
sigue desprendiendo cierto horror visceral. Preocupado por la reacción
del público, Buñuel acudió a los estrenos con piedras en los bolsillos
por si acaso el público se ponía violento.

Un campo de batalla surrealista: «sangre, mierda y putrefacción»

Después de rodar *Un perro andaluz*, Dalí se trasladó a París, donde residió
mayoritariamente durante los siguientes cinco años. Despreciaba la ciudad
por su «arquitectura autopunitiva» y el frenético ritmo de vida de sus habitantes,
pero era consciente de que tenía que estar allí para lanzar su carrera y hacerse
un lugar en la vanguardia europea. De inmediato se puso al corriente de las
últimas tendencias vanguardistas, y finalmente se posicionó entre dos facciones
del surrealismo: el idealismo de Breton y el materialismo salvaje de Georges
Bataille. Breton y Bataille, que en su día habían competido por el liderazgo
del surrealismo, ahora se peleaban para representar a Dalí.

Se puede decir que Bataille entendía mejor a Dalí que Breton. Bataille no tuvo
la necesidad de esquivar «la sangre, la mierda y la putrefacción» de la obra de
Dalí, sino que apreciaba su «terrorífica fealdad». Existen muchas convergencias
en su forma de pensar: como Dalí, Bataille creía que la vida moderna había
perdido el contacto con la realidad concreta, con la materialidad más básica.
Junto con algunos amigos pensadores, Bataille fundó la revista *Documents*.
Mientras este cortejaba a Dalí, hubo entre ellos un intercambio natural de
ideas. La revista publicó primeros planos del dedo de un pie con pelos como
escarpias y la uña torcida, una boca llena de saliva o una mosca muerta,
imágenes que sin duda Dalí hubiera apreciado. Durante toda su trayectoria, la
revista trató temas como el erotismo, la muerte y la descomposición, los temas
centrales de la siguiente pieza de Dalí: *Los primeros días de la primavera*.

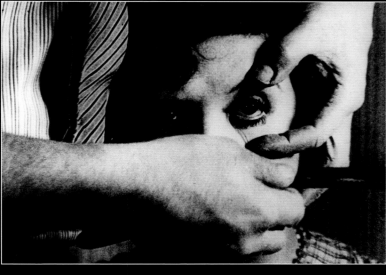

Fotogramas de *Un perro andaluz*
Salvador Dalí y Luis Buñuel, 1929

Los primeros días de la primavera
Salvador Dalí, 1929

Óleo y *collage* sobre tablero
49,5 × 64 cm
The Salvador Dalí Museum, St. Petersburg, Florida
En préstamo de E. & A. Reynolds Morse

Los primeros días de la primavera

La hermana de Dalí describió el cuadro como una «pesadilla sobre lienzo». Aquí nos introducimos en otro mundo de ensueño, pero esta vez todo está impregnado de la *Interpretación de los sueños* de Freud. De hecho, el anciano vestido con un traje marrón que aparece en la pintura es el propio Freud. Centrado en la idea freudiana de que los sueños pueden revelar experiencias traumáticas de la infancia, Dalí visualiza recuerdos personales mediante símbolos de colores intensos.

El saltamontes gigante que puede verse adherido a la cabeza dormida refleja el miedo que tenía Dalí a los insectos. Desarrolló esta fobia como consecuencia de una experiencia que vivió en la infancia. En su biografía *La vida secreta de Salvador Dalí*, el pintor relata que en una ocasión tenía en sus manos un pez repugnante y baboso y que le horrorizó descubrir que tenía cara de saltamontes. En la escuela se burlaban de su miedo a los insectos, y le enganchaban langostas a la camisa. Al pintar las tenazas de la langosta sobre la boca incorpórea y en el extremo de un ojo, Dalí visualiza la terrible sensación de tener insectos subiéndole por el cuerpo. Además de estas imágenes desagradables, también se pueden ver otras del pasado feliz de Dalí: la cabeza dormida tiene la forma de una de las rocas de Cadaqués. Se cree que las imágenes de animales –el pequeño ciervo y la cabeza de águila– son ilustraciones de sus libros favoritos. Es posible que el lápiz grueso corresponda a una imagen de sus primeros lápices de colores.

La evocación que hace Dalí de los sueños es sofisticada. Junta elementos que no suelen estar unidos en la vida cotidiana, como el dedo pegado al cubo. Dalí muestra cómo el tiempo y el espacio se confunden en los sueños: el pintor aparece como un bebé (la fotografía sobre la carretera), como un niño, de la mano de su padre (a lo lejos), y como un adulto (en primer plano). Combina temores de la infancia con deseos sexuales. A la izquierda, un hombre fantasea junto a una mujer desnuda cuya cabeza tiene una forma claramente sexual.

Dalí representa las cosas cambiando de estado; las imágenes agrupadas deben interpretarse como secuencias de estados cambiantes. En el caso de la cara de querubín que reposa sobre un cuerpo peculiar, se pueden descifrar varias fases: la rama (planta) con forma de vena se convierte en una cabeza durmiente y después en una cara de querubín. En realidad, la proyección no acaba de surtir efecto, y Dalí lo hizo conscientemente. Con *Un perro andaluz* aprendió que el cine era mucho mejor para mostrar transformaciones.

MÁS ADELANTE, DALÍ ESCRIBIÓ:

«EN UNA EXCURSIÓN A LAS ROCAS DEL CABO DE CREUS, LE INSISTÍ
DESPIADADAMENTE A GALA QUE SUBIERA A LAS CIMAS MÁS PELIGROSAS,
ALGUNAS DE ELLAS MUY ALTAS. EN DICHOS ASCENSOS HABÍA UNA CLARA
INTENCIÓN CRIMINAL POR MI PARTE, EN ESPECIAL CUANDO LLEGAMOS AL PUNTO
MÁS ALTO DEL GIGANTESCO BLOQUE DE GRANITO LLAMADO «EL ÁGUILA»,
INCLINADO COMO UN ÁGUILA CON LAS ALAS EXTENDIDAS SOBRE UN ESCARPADO
ACANTILADO. A ESA ALTURA, ME INVENTÉ UN JUEGO EN EL QUE HICE PARTICIPAR
A GALA Y QUE CONSISTÍA EN HACER RODAR GRANDES BLOQUES DE GRANITO
ACANTILADO ABAJO Y VER CÓMO CHOCABAN CONTRA LAS ROCAS
O CONTRA LA SUPERFICIE DEL MAR».

El rey de la casa conoce a su reina

Agotado de tanto trabajar, Dalí decidió descansar en la casa que la familia tenía en Cadaqués. Poco después le visitaron el poeta francés Paul Eluard y su esposa Gala. Dalí se quedó inmediatamente prendado de Gala, y ella, como el propio Dalí recordaba con modestia, «lo consideraba un genio». Su cortejo discurrió como un drama surrealista. Dalí eligió para su primer encuentro un atuendo un tanto peculiar: camisa de seda rota, bañador y un collar de perlas. Se ungió el cuerpo con colapez y estiércol de cabra, y se pintó las axilas con sangre y pintura azul. Pero antes de salir dudó, se dio una ducha rápida y moderó su vestuario. Con el fuerte viento de tramontana que estaba soplando, Dalí llevó a Gala a pasear por el Cabo de Creus para enseñarle la roca con forma de águila.

La reina Gala

Más adelante, Dalí le contó a la modelo Amanda Lear: «Me encanta ver a Gala completamente vestida y enjoyada como una reina». Poco después de su primer encuentro, Gala abandonó a su marido y a su hija pequeña para estar con Dalí. Diez años mayor que él, Gala se hizo cargo del pintor como si se tratara de una madre dominante. En su primera cita le dijo a Dalí: «Pequeño mío, no debemos dejarnos nunca más». Como un niño, Dalí nunca llevaba ni un céntimo en el bolsillo, y Gala se encargaba de pagar las facturas. Es evidente que a Dalí le gustaba interpretar ese papel. En palabras de la propia Amanda Lear: «Cuando recibía un cheque, se lo entregaba inmediatamente a Gala, y ella lo metía enseguida en su bolso». Gala tomó el control del imperio creciente de Dalí, promocionando su arte y sus textos, cerrando acuerdos con mecenas y organizando ventas y exposiciones. Dalí empezó a firmar sus obras como «Gala Salvador Dalí». La gente odiaba los métodos dominantes de Gala. El historiador del arte John Richardson escribió que la mayoría de la gente opinaba que «quien la conocía la detestaba». Gala organizaba y Dalí reinaba. El propio pintor afirmó haber estado sentado en su automóvil observando cómo Gala cambiaba un neumático bajo la lluvia. Al hablar del incidente con Lear años después, Dalí admitía: «Básicamente, soy un cerdo».

En el surrealismo

Durante el verano de 1929, Dalí decidió formar parte del surrealismo. ¿Por qué en este preciso momento? Dalí vio una oportunidad y la aprovechó. Su plan era «convertirse en el líder del movimiento lo antes posible». Breton probablemente pensó que el carisma de Dalí beneficiaría al grupo y abriría la puerta a nuevos parámetros para el arte surrealista. Breton dejó que Dalí, quien puso sus propias condiciones, formara parte de él, y celebró el efecto «alucinógeno» de su pintura, argumentando que trasladaba al observador a un mundo mítico e ideal. Sus diferencias afloraron enseguida, pero compartían su interés por las teorías freudianas. En 1938 Dalí se marchó a Londres para visitar a Freud en su casa de Elsworthy Road. Freud no habló mucho: padecía cáncer de boca y le costaba mucho hablar.

Los últimos días de la primavera marcó un cambio: fue el primer intento serio del pintor por visualizar el inconsciente tal y como lo describía la teoría de Freud. Llegado a este punto, Dalí definió el surrealismo en términos freudianos. Argumentando que Freud «había revelado que el cuerpo humano estaba lleno de cajones secretos», el pintor celebró el mundo inconsciente como un territorio inexplorado donde ocurrían cosas «surreales». En varias de sus obras posteriores, Dalí representa el cuerpo humano como un armario. En *El gabinete antropomórfico* (escultura basada en su pintura de 1936), Dalí abre los cajones secretos del inconsciente dejando, en sus propias palabras, «emanar sus infinitos olores narcisistas». Las frágiles venas, el cabello semejante a gusanos y los intestinos que cuelgan del cajón son repugnantes. La escultura desprende una sensación de repugnancia de uno mismo, la impresión de que el mundo interior de Dalí es monstruoso y que repele a los demás.

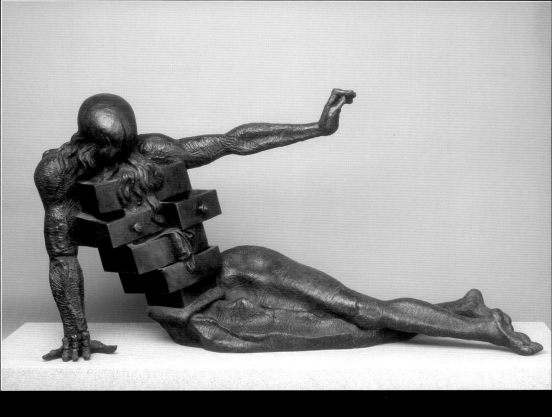

El gabinete antropomórfico
Salvador Dalí, 1982
Concebido y creado en 1982 a partir de pinturas y dibujos de 1936

Bronce con pátina oscura
60 × 31,7 cm

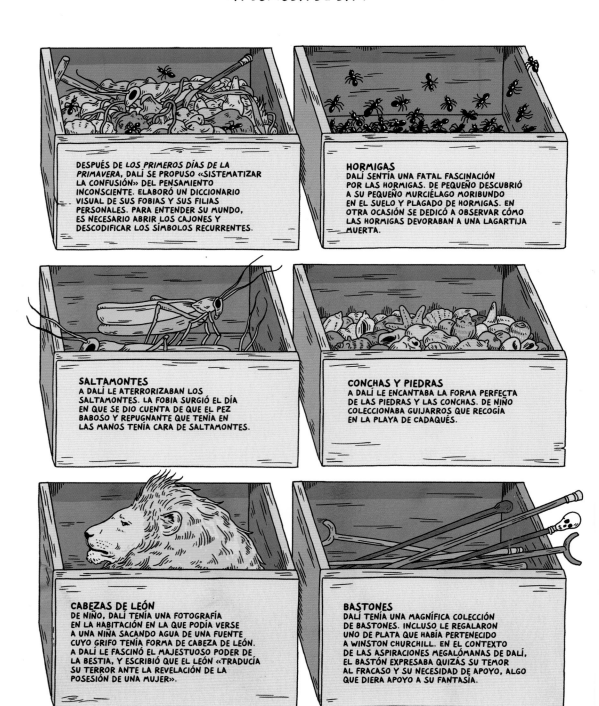

DESPUÉS DE LOS PRIMEROS DÍAS DE LA PRIMAVERA, DALÍ SE PROPUSO «SISTEMATIZAR LA CONFUSIÓN» DEL PENSAMIENTO INCONSCIENTE. ELABORÓ UN DICCIONARIO VISUAL DE SUS FOBIAS Y SUS FILIAS PERSONALES. PARA ENTENDER SU MUNDO, ES NECESARIO ABRIR LOS CAJONES Y DESCODIFICAR LOS SÍMBOLOS RECURRENTES.

HORMIGAS
DALÍ SENTÍA UNA FATAL FASCINACIÓN POR LAS HORMIGAS. DE PEQUEÑO DESCUBRIÓ A SU PEQUEÑO MURCIÉLAGO MORIBUNDO EN EL SUELO Y PLAGADO DE HORMIGAS. EN OTRA OCASIÓN SE DEDICÓ A OBSERVAR CÓMO LAS HORMIGAS DEVORABAN A UNA LAGARTIJA MUERTA.

SALTAMONTES
A DALÍ LE ATERRORIZABAN LOS SALTAMONTES. LA FOBIA SURGIÓ EL DÍA EN QUE SE DIO CUENTA DE QUE EL PEZ BABOSO Y REPUGNANTE QUE TENÍA EN LAS MANOS TENÍA CARA DE SALTAMONTES.

CONCHAS Y PIEDRAS
A DALÍ LE ENCANTABA LA FORMA PERFECTA DE LAS PIEDRAS Y LAS CONCHAS. DE NIÑO COLECCIONABA GUIJARROS QUE RECOGÍA EN LA PLAYA DE CADAQUÉS.

CABEZAS DE LEÓN
DE NIÑO, DALÍ TENÍA UNA FOTOGRAFÍA EN LA HABITACIÓN EN LA QUE PODÍA VERSE A UNA NIÑA SACANDO AGUA DE UNA FUENTE CUYO GRIFO TENÍA FORMA DE CABEZA DE LEÓN. A DALÍ LE FASCINÓ EL MAJESTUOSO PODER DE LA BESTIA, Y ESCRIBIÓ QUE EL LEÓN «TRADUCÍA SU TERROR ANTE LA REVELACIÓN DE LA POSESIÓN DE UNA MUJER».

BASTONES
DALÍ TENÍA UNA MAGNÍFICA COLECCIÓN DE BASTONES. INCLUSO LE REGALARON UNO DE PLATA QUE HABÍA PERTENECIDO A WINSTON CHURCHILL. EN EL CONTEXTO DE LAS ASPIRACIONES MEGALÓMANAS DE DALÍ, EL BASTÓN EXPRESABA QUIZÁS SU TEMOR AL FRACASO Y SU NECESIDAD DE APOYO, ALGO QUE DIERA APOYO A SU FANTASÍA.

Dalí repudiado

El año 1929 fue épico para Dalí. Se trasladó a París, se enamoró y formó parte del surrealismo. Empezó a actuar de forma errática, casi histérica, como se hace patente en su primera cita con Gala. El padre del pintor estaba furioso por el comportamiento de su hijo y por el hecho de que tuviera una relación con una mujer casada. Entonces se enteró de que Dalí había escrito en una de sus pinturas: «A veces, por placer, escupo sobre el retrato de mi madre». No es de extrañar que el padre se lo tomara como un insulto a la memoria de su esposa.

El 6 de diciembre de 1929 Dalí recibió una carta de su padre en la que le negaba su apoyo y le prohibía ir a Cadaqués. Conocedor de las teorías freudianas, Dalí expresó el impacto psicológico del rechazo de su padre, pero no se hacía responsable de su propio comportamiento. Narcisista hasta la médula, se deleitó del revuelo que causó el desafortunado suceso y lo convirtió en otro de sus dramas. Respondió a su padre cortándose el pelo y enterrándolo en la playa de Cadaqués. Después se afeitó la cabeza y le pidió a Buñuel que le fotografiara con un erizo de mar sobre la cabeza.

Luis Buñuel
Dalí con un erizo de mar en la cabeza, Cadaqués, 1929.
Copia a la gelatina de plata, 30 × 19 cm.
The Israel Museum. Donación de la Fundación Samuel Gorovoy de Nueva
York a los amigos de The Israel Museum en Estados Unidos (B89.0066).

Vida de reyes en París

El estilo de vida parisino era demasiado estresante para Dalí y Gala.
Aunque eran pobres como ratas, vivían rodeados de riqueza y glamour.
Desesperados por integrarse en las clases altas y por impresionar, Dalí
y Gala se inventaron un personaje. Como rey y reina, celebraban grandes
fiestas con sus amigos mientras Gala intentaba venderles las pinturas
y los nuevos objetos «surrealistas» de Dalí. Aunque este creó algunos
diseños extraordinarios, Gala no consiguió venderlos. Actualmente
algunos de ellos se han convertido en productos comerciales.

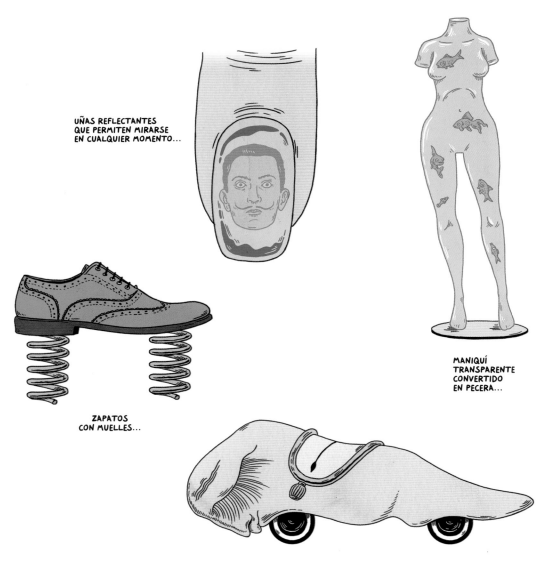

UÑAS REFLECTANTES
QUE PERMITEN MIRARSE
EN CUALQUIER MOMENTO...

ZAPATOS
CON MUELLES...

MANIQUÍ
TRANSPARENTE
CONVERTIDO
EN PECERA...

VEHÍCULO AERODINÁMICO...

CON LA BATA PUESTA

EN 1929, GALA Y DALÍ COMPRARON UNA CABAÑA DE PESCADOR EN PORT LLIGAT,
UN PUEBLO CERCANO A CADAQUÉS. PARA ELLOS ERA UN REFUGIO TRANQUILO,
ALEJADO DE LAS PRESIONES DE LA VIDA URBANA. LA PEQUEÑA VIVIENDA
NO TENÍA ELECTRICIDAD NI AGUA CORRIENTE. A AMBOS LES ENCANTABAN
LA SOLEDAD Y LA VIDA REPOSADA. POR LA MAÑANA, DALÍ PINTABA Y GALA
SALÍA A PESCAR ALGUNA LANGOSTA O ALGÚN PEZ PARA ALMORZAR.

La persistencia de la memoria

Cuando Dalí pintó *La persistencia de la memoria*, Gala estaba en el cine. Cuando regresó, este le pidió que se sentara y cerrara los ojos. Tras una dramática cuenta atrás, le pidió que abriera los ojos y descubrió el lienzo. «Después de verlo, es imposible olvidarlo», opinó Gala. Los relojes doblados resultan perturbadores, pero hay cierta simplicidad en esta icónica imagen: capta el espíritu de su casa de Port Lligat, donde, según Dalí, el tiempo se ralentizaba o «derretía», y, a su vez, refleja el consuelo que Dalí encontró en Gala: «Gala consiguió construirme un caparazón [...] en el que sigo haciéndome mayor entre lo blando y lo superblando. El día que pinté los relojes, los pinté blandos». La imagen recuerda también al queso fundido. Antes de pintar los relojes, Dalí estuvo comiendo camembert fundido, algo que se plasma de manera clara en los relojes blandos.

La combinación de formas blandas y formas duras es algo que siempre fascinó a Dalí. *La vida secreta de Salvador Dalí* empieza con una pontificación del propio Dalí sobre el horror del «carácter completamente amorfo» de las espinacas, que contrapone a la robusta «armadura» de la langosta. Al ingenioso surrealista le gustaba jugar con las expectativas de la gente creando arte público –que por lo general se hacía con metales inmutables– usando una masa comestible y esponjosa. Dalí comía huesos de animal, lo que solía repugnar a sus invitados: «Qué maravilloso es aplastar el pequeño cráneo de un pájaro. ¿De qué otra forma se puede uno comer un cerebro?». Los relojes blandos, además de una broma, tienen un significado filosófico. Durante muchos años, el tiempo estuvo muy de moda. Albert Einstein y Henri Bergson cuestionaron la validez de la hora que marcaban los relojes, y el untuoso reloj de Dalí tiene la fluidez del tiempo «real» o *durée* de Bergson.

La locura y el método paranoico-crítico de Dalí

Dalí entendía la realidad «surrealista» como una fuerza en constante generación. En un primer momento la identificó como algo natural que existe en la naturaleza, como las grandes rocas de Cadaqués, que daban lugar a formas fantásticas y puras. Más adelante pasó a considerarla como parte del mundo inconsciente de Freud. Cuenta Dalí que mientras pintaba *La persistencia de la memoria* tuvo una visión. En la década de 1930, desarrolló la idea de un método paranoico-crítico para liberar lo maravilloso; ahora argumentaba que, para hacerlo, uno tenía que estar en un estado de frenesí. Se comparaba con un loco que tiene alucinaciones y destapa múltiples realidades; comentaba que «la única diferencia entre él y un loco era que él no estaba loco». Breton defendió el potencial del enfoque de Dalí, pero la glorificación que este hizo de la locura le pareció un tanto insensible.

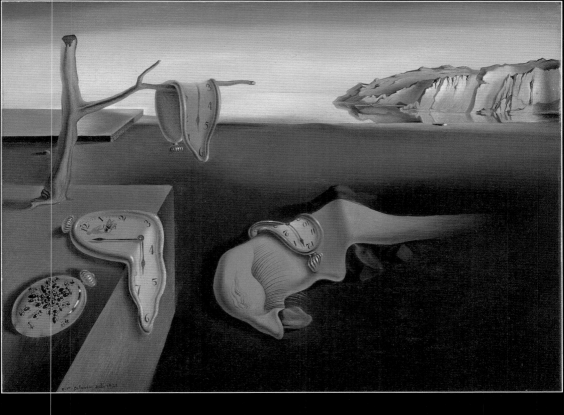

La persistencia de la memoria
Salvador Dalí, 1931

Óleo sobre lienzo
24,1 × 33 cm
Museum of Modern Art, Nueva York
Donación anónima (162.1934)

Un experimento que acaba siendo un *striptease*

Breton empezó a preocuparse cada vez más por algunas de las opiniones de Dalí. Este podía llegar a ser muy cruel, y defendía valores peligrosamente parecidos a los ideales fascistas de Hitler. Para Breton, la gota que colmó el vaso fue la pintura de Dalí *El enigma de Guillermo Tell* (h. 1933). En ella, Dalí retrata a Vladimir Lenin –líder comunista considerado un héroe para los surrealistas– como una figura patética, parcialmente desnuda y agazapada en el suelo.

En febrero de 1934, Breton convocó a Dalí para hacerle una «prueba» para justificar su papel en el surrealismo. Dalí se burló de todo el procedimiento. Se puso varios jerséis de lana uno encima del otro, se colocó un termómetro en la boca y se presentó diciendo que estaba enfermo. Cuando se le planteaba una pregunta, Dalí se quitaba un jersey y comprobaba su temperatura. El comportamiento del pintor enfurecía a algunos, pero para otros resultaba hilarante. Mientras hacía el bufón, Dalí hizo la famosa afirmación: «Yo mismo soy surrealismo». Lo que quería decir era que si el surrealismo priorizaba el pensamiento inconsciente, sería una contradicción censurar o prohibir esos pensamientos. Al final, Dalí se salió con la suya: Breton no lo expulsó formalmente del grupo surrealista hasta 1939.

Viaje a Estados Unidos

Hacia 1934, Dalí se empezó a impacientar: la prueba surrealista había resultado embarazosa, estaba sin blanca y quería conseguir el éxito y la fama a toda costa. En Estados Unidos estaba aumentando el interés por su obra, de modo que se las arregló para que un patrocinador secreto (que al final resultó ser Picasso) le pagara el viaje. Su estancia en Estados Unidos fue un constante drama surrealista. Le aterrorizaba el mar: cruzó el Atlántico en la litera de su camarote con sus pinturas atadas a los dedos o a la ropa con una cuerda. Desembarcó cargado con una de sus larguísimas barras de pan y fue recibido por una horda de periodistas. «Partió el pan» ceremoniosamente y compartió la barra con todos los perplejos asistentes.

Para Dalí, el paisaje de Nueva York tenía una belleza surrealista: «Se alzaba ante mí, de color verdete, rosa y blanco crema. Parecía como un enorme queso roquefort gótico. Me encanta el roquefort». En sus escritos, afirma que le gusta Nueva York por ser un lugar para lo absurdo, donde los «cipreses crecen de las paredes de los vacíos rascacielos», y vincula el pensamiento surrealista con las excentricidades de Hollywood y «los predecesores de lo irracional, Mack Sennett, Harry Langdon, y tú también, inolvidable Buster Keaton».

El día de la inauguración de su exposición en la Galería Julien Levy, Dalí divirtió y cautivó a los neoyorquinos. Su exposición tuvo un enorme éxito. Vendió doce cuadros por mucho más dinero del que pagaban por ellos en Europa. El viaje se convirtió en una auténtica gira promocional: Dalí aprovechaba cualquier oportunidad para mejorar su posición. Pronunció una serie de conferencias de alto nivel: el 11 de enero de 1935 dio una conferencia en el Museum of Modern Art de Nueva York sobre «Pintura surrealista e imágenes paranoicas». Al abandonar el país, Dalí ya era toda una celebridad en Nueva York. Disfrutó al máximo de cada instante.

¿Hijo pródigo o cobarde político?

A su regreso a España, Dalí fue a visitar a su padre en Figueres. No había visto
a su familia desde 1929. Según su tía, que estuvo presente, fue un encuentro
rodeado de emociones que terminó bien. No obstante, preocupado porque
la guerra civil estaba a punto de estallar, Dalí no permaneció en España
durante mucho tiempo. Antes de abandonar el país pintó *Construcción blanda
con judías hervidas (Premonición de la Guerra Civil)*, en la que representó
a España, en palabras del propio autor, como «un enorme cuerpo humano
rompiéndose en monstruosas excrecencias de brazos y piernas arrancándose
entre sí en un delirio de autoestrangulación». Su posición con respecto
a la guerra civil española no está muy clara. En un principio apoyó a
los republicanos: nada más estallar la contienda, su amigo Lorca fue
asesinado por los fascistas. No obstante, después cambió de bando y apoyó
al gobierno fascista, lo que enfureció tanto a sus amigos como al mundo
del arte. La situación en España era complicada: los amigos y las familias
estaban enfrentados entre sí. Como miembro de la clase media, el padre
de Dalí era uno de los blancos de los republicanos, y toda la familia recibió
un trato muy malo. Su hermana Ana Maria fue encarcelada y torturada
por los comunistas, y la casa paterna fue saqueada.

Curiosamente, Dalí era cobarde y evitó enfrentarse a la situación. Cuando
él y Gala huyeron de España, se llevaron las dos banderas, la nacional y la
republicana; se aproximara el bando que se aproximara, ondeaban la bandera
correspondiente. Dalí y Gala no regresaron a España hasta que concluyó
la segunda guerra mundial. Breton menospreció su comportamiento cobarde.
Pero a Dalí no le preocupaba: tenía otras cosas en las que pensar.

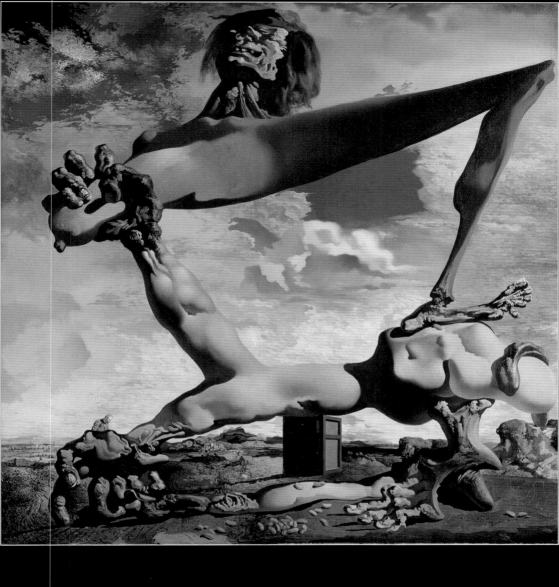

Construcción blanda con judías hervidas (Premonición de la Guerra Civil)
Salvador Dalí, 1936

Óleo sobre lienzo
99.9 × 100 cm
Philadelphia Museum of Art,
The Louise and Walter Arensberg Collection, 1950

El objeto surrealista

Los surrealistas estaban abriéndose a nuevas formas de expresión. Breton había estado reflexionando durante años sobre las posibilidades que podía ofrecer un objeto surrealista. Tuvo la idea después de un sueño: recordaba un libro fantástico, con unas páginas gruesas de tela negra y una columna vertebral soportando la figura de un gnomo de madera. En ese momento escribió: «Quiero poner en circulación algunos objetos como estos». Más adelante reconoció que Dalí era el maestro del objeto surrealista.

Dalí siempre quiso que su público se divirtiera, y sus objetos surrealistas son divertidos y al mismo tiempo provocativos. A menudo tienen un trasfondo sexual. Su plan era crear «objetos animables, claramente eróticos, es decir, destinados a provocar, de forma indirecta, una determinada emoción sexual». Uno de esos objetos surrealistas era una langosta pegada sobre un teléfono. El *Teléfono langosta* señala la extraña relación entre objetos. Los componentes del auricular de un teléfono y de la langosta son los mismos: ambos tienen una cabeza, un cuerpo y un pie. Y, obviamente, a Dalí le gustaba la idea de que la gente hablara a los órganos sexuales de la langosta.

El coleccionista británico de arte Edward James compró varios teléfonos langosta para su extravagante residencia. En la década de 1930, Dalí irrumpió en el panorama artístico del Reino Unido. El verano de 1936 sorprendió a los visitantes de la Exposición Surrealista Internacional de Londres cuando apareció para pronunciar una conferencia vestido con un traje de buzo y acompañado de unos perros lobos rusos. Entonces sucedió algo dramático: Dalí se quedó atrapado en el sofocante casco, y tuvo que ser rescatado por el joven poeta David Gascoyne. Cuando consiguió quitarse el casco, apenas sin aliento, exclamó: «Solo quería demostrar que me estaba zambullendo en lo más profundo de la mente humana». Dalí salió en varias portadas de los periódicos del día siguiente.

Perfeccionar la visión doble

En las décadas de 1930 y 1940 se produjo un cambio en el pintor. En palabras de la historiadora del arte Dawn Ades: «El período de abstracción orgánica en la pintura surrealista [...] con sus referencias a "mutilaciones inaccesibles, de sanguinarias osmosis irrealizables, de agujeros con vísceras colgando, de rocas con pelo y de emigraciones catastróficas" ha terminado».

Centrado en su método paranoico-crítico, Dalí publicó su tratado *La conquista de lo irracional* (1935) y perfeccionó la técnica de las imágenes dobles. La pintura *Mercado de esclavos con aparición del busto invisible de Voltaire* (1940) es quizá su expresión más sofisticada. En ella coexisten dos realidades completamente diferentes. En uno de los mundos vemos a Gala semidesnuda observando a un grupo de personas entre las cuales hay dos mujeres ataviadas con vestidos del siglo XVII. En el otro mundo, las dos mujeres del siglo XVII y la entrada arqueada se fusionan para formar el busto del escritor Voltaire. Esta duplicidad es muy inteligente, casi como si Dalí se hubiese apoyado en una esquina con su método paranoico-crítico. ¿Quería crear imágenes dobles eternamente? En la década de 1940 buscó nuevos temas.

Dalí también se diversificó. Tras conocer al famoso decorador de interiores Jean-Michel Frank, empezó a diseñar muebles, y creó divertidas piezas, como la silla de estructura dorada *Leda* (que ya había aparecido en una de sus pinturas anteriores, *Mujer con cabeza de rosas*). Dalí juega con los componentes de la pieza: el «brazo» de la silla se convierte en un sinuoso brazo humano, y las tres patas reposan sobre delicados zapatos de tacón alto. También hizo sus pinitos en el diseño de joyas. Su pieza más famosa tal vez sea el broche *Labios de rubí*. Consciente de que «poetas de todas las épocas y países hablan de labios como rubíes y dientes como perlas», decidió hacer unos labios con rubíes verdaderos y unos dientes de pequeñas perlas redondas. Se trata, sin duda, de humor extravagante.

El lenguaje del mundo comercial se reflejaba en el método paranoico-crítico de Dalí. Una buena publicidad puede transformar un objeto cotidiano y hacer que parezca magnífico. Dalí también impregna sus objetos de una sexualidad latente (una técnica muy usada en publicidad). En realidad, la idea de que los negocios copiaban su original forma de pensar se convirtió en una auténtica paranoia. «Los mostradores de la mayoría de tiendas [...] estaban bajo la influencia del surrealismo [...] y bajo mi propia influencia, pero el drama constante de mi influencia reside en el hecho de que una vez publicada, se me escapa de las manos y ya no puedo canalizarla ni sacar provecho de ella».

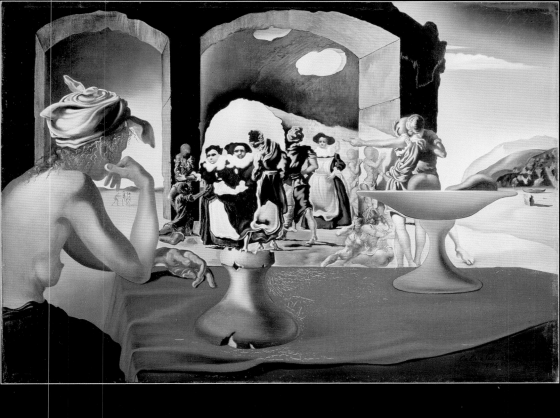

Mercado de esclavos con aparición del busto invisible de Voltaire
Salvador Dalí, 1940

Tienda Bonwit Teller

En Estados Unidos, la fama de Dalí continuó aumentando. En 1939 le encargaron que diseñara los mostradores de Bonwit Teller, unos grandes almacenes que, según publicó la revista *Time*, «tenían fama de tener los mostradores más destornillados de Manhattan». Cuando contrató a la superestrella del surrealismo, la empresa prometió a Dalí que tendría el control absoluto del proyecto artísticamente hablando. Al final, los grandes almacenes no cumplieron su promesa y la épica pataleta de Dalí ocupó la portada de los periódicos al día siguiente.

Al artista se le ocurrió un tema un tanto trillado: «Día y noche». No obstante, su sepulcral diseño era provocativo. De pie, junto a una bañera llena de agua de la que salían tres brazos de maniquí, había un maniquí raído y deteriorado con las uñas pintadas de verde y el pelo rojo. Los maniquís de cera eran realmente siniestros: sus cuerpos habían adquirido un color amarillento con el tiempo, y el pelo pertenecía a cadáveres reales. La bañera estaba forrada con lana negra de cordero persa. Una horripilante cama reposaba sobre cuatro patas de búfalo y estaba coronada por la cabeza del animal, en cuya boca había una paloma sangrienta.

Cuando la tienda abrió sus puertas a las 9.30 h de la mañana, la gente empezó a quejarse. La dirección de la tienda decidió sustituir los diabólicos maniquís de Dalí por sus propias modelos vestidas a la moda. Dalí estaba muy enfadado: «Así que irrumpí en el mostrador para arreglarlo, para que mi nombre, estampado en el cristal del mostrador, no se viera deshonrado. Cuál fue mi sorpresa cuando al empujar la bañera, esta salió disparada contra el cristal del mostrador, lo que me confundió aún más». Dalí fue arrestado y encarcelado «con los borrachos y vagos profesionales que vomitaban y luchaban entre ellos con un optimismo admirable». En su defensa alegó que le habían «contratado para hacer una obra de arte» y que no quería que su nombre «se asociara al típico mostrador de tienda». El juez Louis Brodsky fue indulgente. En sus propias palabras: «Estos son algunos de los privilegios de los que al parecer gozan los artistas con temperamento».

El incidente fue una fantástica promoción para el artista y, por supuesto, también para los lujosos grandes almacenes. Dalí se convirtió en la figura insigne del surrealismo, como describe el escritor Henry Miller: «El surrealismo, si se lo preguntara a alguien de improviso, significa Salvador Dalí». En medio del alboroto creado en Bonwit Teller, a Dalí le pidieron que diseñara el pabellón «Sueño de Venus» del Área de Entretenimiento de la Exposición Universal que se celebró ese mismo año en Nueva York.

EL «SUEÑO DE VENUS», 1939-1940

DALI DREAM OF VENUS

MIENTRAS EN EUROPA ESTABA A PUNTO DE ESTALLAR LA SEGUNDA GUERRA MUNDIAL, LA EXPOSICIÓN UNIVERSAL DE NUEVA YORK ABRIÓ SUS PUERTAS, REPLETA DE PLANES IDEALISTAS PARA EL MUNDO MODERNO. DALÍ EXPUSO SU «SUEÑO DE VENUS» EN EL PABELLÓN SURREALISTA. SU MÉTODO PARANOICO-CRÍTICO SE PONÍA DE MANIFIESTO EN LAS ILUSIONES CAMBIANTES: EL CASTILLO DE HORMIGÓN ERA COMO UNA BESTIA VIVIENTE EN PLENA METAMORFOSIS; LOS PILARES SE CONVERTÍAN EN PIERNAS HUMANAS Y BROTABAN PELO, BRAZOS Y FORMAS VEGETALES POR DOQUIER. ERA UNA ATRACCIÓN CASI PROPIA DE DISNEYLANDIA: ERA COMO UNA INCURSIÓN EN LAS AVENTURAS DE LA SIRENITA. HABÍA UN GIGANTESCO CASTILLO DE ARENA HECHO DE CEMENTO Y DECORADO CON CONCHAS AL QUE SE ENTRABA POR UNAS PIERNAS DE YESO, SORTEANDO UNA CABEZA DE PEZ. UNA VEZ DENTRO, EL VISITANTE VIVÍA UNA FANTASÍA SUBACUÁTICA.

...SE PODÍAN VER DESTELLOS
ANIMADOS DE «MUJERES
LÍQUIDAS» A TRAVÉS DEL AGUA.
SE PODÍA TOCAR UN PIANO
HUMANO U ORDEÑAR
UNA VACA MOMIFICADA.

...EL VISITANTE SE ENCONTRABA CON VENUS
DURMIENDO EN UNA CAMA DE 36 PATAS
Y TAPADA CON UNAS SÁBANAS DE SEDA ROJA.

...EL VISITANTE SE CRUZABA
CON UN HOMBRE SIN CABEZA
Y CUERPO DE JAULA Y CON
UN MANIQUÍ CON CABEZA DE
LEOPARDO PARA DESEMBOCAR
EN EL CADILLAC DECORADO
CON SIRENAS VIVIENTES...

Estados Unidos

La negativa de Dalí a comprometerse con determinados problemas sociales y políticos enojó a otros surrealistas. Europa estaba viviendo un momento caótico: la guerra civil había devastado España, y Alemania e Italia estaban bajo el mando de dictadores. En 1939, el mundo estaba a punto de entrar en otra guerra mundial. ¿Y Dalí? Sencillamente huyó. El 1 de septiembre de ese año, Hitler invadió Polonia y Dalí huyó al suroeste de Francia. Como él mismo recordaba con cierta autocomplacencia: «Estuve estudiando mi campaña de invierno, intentando planificarla de tal forma que pudiera combinar una posible invasión nazi con otras posibilidades gastronómicas [...]. Al final puse el dedo [...] en un punto neurálgico de la cocina francesa: Burdeos. Ese sería uno de los últimos sitios a los que llegarían los alemanes en caso de ganar, algo que parecía muy improbable. Además, Burdeos implicaba vino de Burdeos, encebollado de liebre, hígado de pato con uvas, pato a la naranja, ostras de Arcachon... Arcachon. Lo tengo».

Es probable que los surrealistas hubieran tolerado la cobardía de Dalí, pero el artista cruzó la línea cuando eligió como tema al salvaje dictador Adolf Hitler. Su pintura *El enigma de Hitler* representaba al *Führer* casi con simpatía, como una especie de presencia misteriosa. En 1940, Dalí huyó a Estados Unidos, donde permaneció hasta que acabó la segunda guerra mundial. Era evidente que allí se sentía cómodo. En *Poesía de América — Los atletas cósmicos* (1943), Dalí fusiona el paisaje estadounidense con escenas de su querida España: Dalí traslada la torre de la finca de los Pichot y el paisaje marítimo de Cadaqués al desierto de Estados Unidos. A modo de celebración de un icónico producto estadounidense, Dalí introduce una botella de Coca-Cola en el primer plano de la pintura. Se trata de un gesto radical que se anticipó al pop art y a la promoción que hizo Warhol de la marca americana por excelencia.

«Lo mejor de este país es que puso de moda un producto que compraban desde los consumidores más ricos hasta los más pobres. Puedes estar mirando la televisión y ver un anuncio de Coca-Cola, y sabes que el presidente la bebe, que Liz Taylor la bebe... y entonces piensas: yo también puedo beberla. Una Coca-Cola es una Coca-Cola, y por mucho que estés dispuesto a pagar, no vas a encontrar una mejor que la que se está bebiendo el vagabundo de la esquina. Todas las coca-colas son iguales, y todas las coca-colas son buenas. Lo sabe Liz Taylor. Lo sabe el presidente. Lo sabe el vagabundo. Y tú también lo sabes».

Poesía de América – Los atletas cósmicos
Salvador Dalí, 1943

Óleo sobre lienzo
116 × 78,7 cm
Teatre-Museu Dalí, Figueres

Negocio surrealista

Dalí se convirtió en un verdadero fenómeno comercial en Estados Unidos. Se asoció con la diseñadora de moda Elsa Schiaparelli, y juntos diseñaron prendas tan extravagantes como un sombrero con forma de tintero, un sombrero con forma de zapato o un vestido estampado con una cajonera. Diseñó portadas para la revista *Vogue* y creó el logotipo de la empresa de piruletas española Chupa Chups; tuvo la brillante idea de poner el logotipo en la parte superior de la piruleta para que se pudiera ver bien. Dalí, consciente de que se había convertido en un producto rentable, empezó a vender su aura de forma indiscriminada, anunciando pastillas contra la indigestión y tabletas de chocolate. Los surrealistas odiaban la obsesión de Dalí por el dinero. Breton creó un brillante anagrama con su nombre, llamándole Avida Dollars (que suena igual que la expresión francesa que significa «ávido de dólares»).

Placer surrealista

En Nueva York, Dalí continuó pintando, pero también dedicó mucho tiempo a escribir. Publicó su autobiografía *La vida secreta de Salvador Dalí* (1942), en la que hay más ficción que realidad, y escribió la novela *Rostros ocultos* (1944). Esta está plagada de imágenes surrealistas: en un pasaje, el personaje principal, el conde de Grandsailles, está sentado en una mesa mirando fijamente el reflejo de sus invitados en la cubertería de plata, una imagen que recuerda a una de las fabulosas uñas reflejadas de Dalí.

El artista pensaba que estaba promoviendo el surrealismo por el sencillo hecho de formar parte de él. En sus propias palabras: «Yo soy surrealismo». Lo absurdo estaba presente en todos los ámbitos de su vida: su vestimenta, sus hábitos alimentarios e incluso sus relaciones. Dalí siempre había admirado el humor circense del cómico Harpo Marx; de hecho, hacia 1937 se hicieron buenos amigos. Dalí había conocido a su alma gemela. Una Navidad, el artista le mandó a Harpo un arpa con alambre de espino en lugar de cuerdas. Este respondió con ingenio, enviándole una fotografía de sí mismo tocando el arpa con los dedos vendados.

La cena era un acontecimiento teatral. Dalí tenía unos gustos peculiares: su plato favorito era la langosta con salsa de chocolate. También tenía especial predilección por los pequeños pájaros: se los comía enteros, sin destripar y sin desplumar. Una de sus musas, Isabelle Dufresne (que más tarde se haría llamar Ultra Violet y pasaría a formar parte de La Factory de Andy Warhol), cuenta que una noche salió con Dalí. La extraña cita consistió en «tocamientos de lengua», un poco de conversación absurda y una lujosa cena.

Los Chupa Chups modernos siguen llevando el logotipo diseñado por Dalí.
© Chupa Chups: con autorización del propietario de la marca

Dalí y Hollywood

Dalí siempre sintió fascinación por Hollywood y deseaba trabajar allí. En 1944, Alfred Hitchcock colaboró con el artista para que diseñara la secuencia de un sueño para su próxima película *Recuerda* (*Spellbound*). El filme introdujo la teoría psicoanalítica en el género de las películas de misterio y suspense, centrándose en la idea de que las emociones reprimidas pueden provocar neurosis. El nombre de Dalí resultó un valioso activo para el filme, ya que garantizaba su cobertura gratuita por parte de la prensa. La productora de la película se enteró de que Dalí había aparecido en la revista *Life* en seis ocasiones el año anterior. Pero el cineasta no eligió a Dalí únicamente por razones comerciales. A Hitchcock le gustaban los nítidos paisajes de ensueño del artista. Odiaba el tópico de que en el cine «todos los sueños se veían borrosos», de modo que pensó que Dalí podía darles nitidez. Acordaron que la escena debía ser hiperrealista. Como en alguna de sus colaboraciones anteriores, Dalí se sintió contrariado, y se cortaron muchas de las escenas en las que había trabajado. No obstante, la secuencia final es del todo daliniana: sombras amenazantes, planos descendentes y muchos ojos. Hay un momento en que unas tijeras gigantes cortan un ojo pintado, una clara referencia a la terrorífica escena de *Un perro andaluz*.

Regreso a España

Una vez concluida la segunda guerra mundial, Dalí regresó a España, su país natal. Le envió un telegrama a Franco felicitándole por haber expulsado las «fuerzas destructivas» de España. ¿Por qué haría tal cosa? ¿Fue puro oportunismo? Fue una decisión catastrófica. El mundo del arte se indignó, y los habitantes de Port Lligat se volvieron en su contra. Le obligaron a abandonar el pueblo durante una temporada. Carlos Lozano, musa de Dalí, describe así la escena: «Los muros encalados de Port Lligat se llenaron de amenazas de muerte, y la silla en la que Dalí solía sentarse en su restaurante favorito, el Via Veneto de Barcelona, fue retirada. Lo primero que pensó cuando George Harrison apareció en el muro de su jardín fue que era un asesino».

La insensibilidad de Dalí era implacable. Cuando se mudó a la casa de su padre, ordenó a Gala que aparcara el Cadillac fuera de la casa. Dado que muy poca gente tenía automóvil en el pueblo, el gesto fue tomado como una clara declaración de superioridad. Quizás pretendía también desafiar a su padre, pero, a pesar de todo, el padre lo acogió en su casa. Salvador Dalí Cusí sentía predilección por Gala, y le encantaba pasear en su Cadillac negro. En septiembre de 1950 murió como consecuencia de un cáncer de próstata. Dalí no asistió al funeral de su padre. Según se dice, ese día el viento de tramontana azotaba con fuerza.

Los habitantes del pueblo fueron menos indulgentes. Habían soportado durante años la dictadura opresiva de Franco; Dalí, mientras tanto, estaba en Nueva York yendo de fiesta en fiesta. En la década de 1950, los lugareños descubrieron que Dalí iba a reunirse con Franco y le suplicaron que le hablara al general de la terrible pobreza de la zona. Sin embargo, Dalí se limitó a decir que en su pueblo todo iba bien. En realidad, el pintor continuó nombrando a Franco en sus ruedas de prensa e incluso pintó un retrato de la hija del dictador.

Dalí y la cultura de la fama

Después de la guerra, la vida de Dalí y Gala siguió un patrón regular: pasaban la primavera, el verano y el otoño en Port Lligat, y el invierno entre París y Nueva York. En Nueva York, sus admiradores se reunían en la suite del Hotel Regina en la que se alojaba Dalí. En París, Dalí organizaba su «Corte de Milagros» en el Hotel Mercure de 5 a 8 de la tarde. Dalí se había convertido en un fenómeno cultural. Los Beatles, un fenómeno mundial, intentaron ponerse en contacto con él. George Harrison saltó el muro de su casa en Port Lligat y, según parece, le suplicó a Gala por un pelo del bigote de Dalí. Hay muchas historias sobre la venta de pelos de tan célebre bigote. Una de ellas cuenta que Gala le arrancó uno y pidió 300.000 dólares por él. Los ricos y los famosos querían ganarse la aprobación del artista. ¿Y Dalí? Él también sentía obsesión por las celebridades: conoció a Andy Warhol en La Factory, y poco después de que descubrieran la estructura del ADN, cenó con Francis Crick y James Watson. Lo más complicado era que Dalí quería que le adoraran. Como él mismo decía: «Soy Da-lí, Da-lí. Debéis traerme regalos. Adoro los regalos». No obstante, no todos los personajes que conocía sentían la misma adoración por él. Freud le consideraba un fanático, y Crick y Watson se sintieron abrumados por su exuberante –por no decir estúpido– comportamiento.

Dalí se sumergió de lleno en el mundo de las celebridades, pero en sus últimos años prefirió rodearse de sus fans más acérrimos: «Era un genio, pero un genio no puede ser un genio todo el tiempo, y sus fans estaban allí para dar color al fondo».

Dalí con Andy Warhol en el restaurante Laurent de Nueva York, 1978.
Fotografía de Christopher Makos
www.makostudio.com

El castillo de la reina

Dalí y Gala tenían un matrimonio abierto. Gala quería vivir la vida como una «constante explosión». En 1963, a los 69 años, tuvo una aventura con William Rotlein, un joven drogadicto sin techo. Tras intentar «salvarle», según parece Gala se aburrió. Gala y Dalí hacían vidas cada vez más separadas. En 1969, Dalí le compró el castillo de Púbol. Gala lo usaba para refugiarse de la agitada vida social que había en Port Lligat y como nido de amor para sus múltiples amantes. Dalí solo podía visitarla si ella le enviaba una invitación por escrito. Este siempre acudía a las citas cargado de regalos. En 1973, Gala inició una nueva relación con Jeff Fenholt, el cantante principal de *Jesus Christ Superstar*. Locamente enamorada (senil, según algunos), Gala le compró una casa de un millón de dólares, le cubría de regalos y le daba dinero en metálico siempre que se lo pedía.

Las aventuras de Dalí eran algo más esotéricas. Mantuvo una larga relación con Amanda Lear, una modelo convertida después en estrella del pop cuyo género sexual se puso en cuestión. Según Lear, lo suyo era un matrimonio espiritual. Durante algunos años, Lear fue la Princesa de Port Lligat.

Dalí con Amanda Lear
h. 1966, Francia.

LA CORTE DE DALÍ

SEGÚN SUS BIÓGRAFOS, LA CORTE DE DALÍ ESTABA PLAGADA DE DEFRAUDADORES, PERO A DALÍ NO PARECÍA IMPORTARLE. SE APROVECHABA DE SUS ASPIRACIONES Y FANTASÍAS. DALÍ PONÍA NOMBRES GENÉRICOS A LA MAYORÍA DE LOS CORTESANOS, LO QUE SIN DUDA REFLEJABA LA PEREZA Y LA FALTA DE INTERÉS QUE SENTÍA DALÍ POR LA GENTE. SOLO LLAMABA POR SU NOMBRE –O COMO MÍNIMO LES PONÍA UN APODO– A LOS MÁS ALLEGADOS.

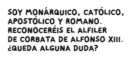

SOY MONÁRQUICO, CATÓLICO, APOSTÓLICO Y ROMANO. RECONOCERÉIS EL ALFILER DE CORBATA DE ALFONSO XIII. ¿QUEDA ALGUNA DUDA?

UNA DE LAS CORTESANAS PREFERIDAS DE DALÍ ERA UNA MUJER RICA Y HERMOSA DE LA ALTA SOCIEDAD A LA QUE DALÍ LLAMABA LUIS XIV, O NANITA KALASCHNIKOFF.

A LOS CHICOS GUAPOS LOS LLAMABA SAN SEBASTIÁN.

A UNA DE LAS POCAS PERSONAS A LAS QUE DALÍ LLAMABA POR SU NOMBRE FUE A AMANDA LEAR. SE DICE QUE AMANDA NACIÓ HOMBRE, PERO ELLA SIEMPRE LO NEGÓ. ERA INCREÍBLEMENTE GLAMUROSA Y SALÍA CON ESTRELLAS DE LA TALLA DE DAVID BOWIE O BRYAN FERRY.

A LOS DEL ESTE ASIÁTICO LOS LLAMABA GUARDIAS ROJOS.

A LOS MÁS ELEGANTES Y EDUCADOS LOS LLAMABA FILETES DE LENGUADO.

AMOR LIBRE
LA VIDA EN LA CORTE ERA TODO UN RITUAL.
EL MONARCA SE IDENTIFICABA POR EL ALFILER
DE CORBATA REAL, Y «LOS CORTESANOS [...] ERAN
TRATADOS CON CIERTO DESPRECIO, ACORDE CON
SU IMPORTANCIA». SU FILOSOFÍA, SI ES QUE TENÍAN
ALGUNA, SE BASABA EN EL «AMOR LIBRE».

DALÍ ESTABA CONVENCIDO DE QUE GALA
ERA LA PERSONA MÁS IMPORTANTE
DE SU VIDA, PERO SU RELACIÓN
ERA UN TANTO PECULIAR. TENÍAN
UN MATRIMONIO ABIERTO Y PODÍAN
INCLUSO TRATARSE CON MUCHA
CRUELDAD.

A LOS RUBIOS
LOS LLAMABA GENISTA,
EL NOMBRE DE LA FLOR
AMARILLA QUE CRECE
EN PRIMAVERA A ORILLAS
DEL MEDITERRÁNEO.

DALÍ SE REFERÍA A
LOS GEMELOS JOHN
Y DENNIS MYERS
COMO «DIOSCUROS»,
LOS HÉROES DE LA
MITOLOGÍA GRIEGA.

DALÍ LLAMABA UNICORNIOS
A LOS HOMBRES CON EL PENE
LARGO Y ASPECTO INFANTIL.
DALÍ TENÍA SU PROPIO CÓDIGO
DE TÉRMINOS SEXUALES: AL PENE
LO LLAMABA «LIMUSINA», Y AL
ACTO SEXUAL, «MÁQUINA DE
COSER», POR EL MOVIMIENTO
DE LA AGUJA.

POR SU DELGADEZ Y SU PALIDEZ,
DALÍ LLAMABA A LAS MODELOS
DE MODA «CRISTOS».

Una actividad despiadada

Dalí siempre fue una persona muy impresionable. En los últimos años se inspiró en la ciencia moderna, y en particular en la teoría atómica: «Hoy, el mundo exterior –el de la física– ha trascendido al de la psicología. Hoy mi padre es el doctor Heisenberg». Su pintura *Cabeza rafaelesca estallando*, con claras referencias al trabajo de Werner Heisenberg en el campo de la teoría atómica, vaporiza la materia convirtiéndola en partículas en espiral. Más tarde Dalí se referiría a la espiral como el «cuerno de rinoceronte». El pintor se obsesionó por los rinocerontes: pintó cuernos de rinoceronte, hizo una película sobre estos animales y confesó «ver» cuernos en todas partes, en sus primeras pinturas y en las rocas de Cadaqués.

Dalí no supo gestionar bien esta grandiosa e inoportuna mezcla de teoría atómica, clasicismo y obsesión por los rinocerontes. Mediante la asociación de la energía atómica con un orden clásico (y con Rafael), Dalí retrata la energía atómica como una fuerza serena y malévola. Hay que tener en cuenta que la segunda guerra mundial ya había revelado el poder devastador de la energía atómica. Cuando estalló la primera bomba en Hiroshima, 70.000 personas quedaron pulverizadas al instante. «La bomba atómica del 6 de agosto de 1945 fue para mí un golpe sísmico. Desde entonces, el átomo pasó a ser mi alimento favorito para la reflexión. Muchos de los paisajes que pinté durante este período expresan el gran temor que me provocaba el anuncio de esa explosión». Es casi como si Dalí volviera a aprovechar el potencial de un tema controvertido y lo celebrara. Un año antes de la explosión de Hiroshima, el escritor George Orwell observó: «Dalí es tan antisocial como una pulga».

Dalí con un rinoceronte.
Fotografía de Phillippe Halsman.

Cabeza rafaelesca estallando
Salvador Dalí, 1951

Óleo sobre lienzo
43,2 × 33,1 cm

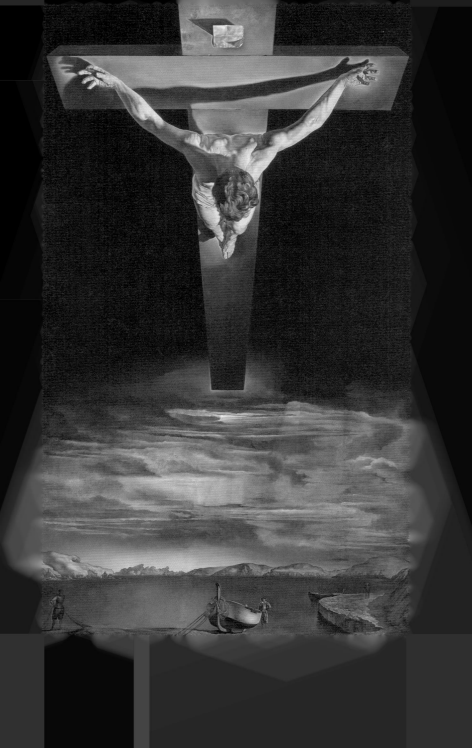

Espiritualidad

Las últimas pinturas de Dalí están impregnadas de un nuevo misticismo. Cuando regresó a Europa después de la guerra, Dalí ratificó su compromiso con el catolicismo, y no paró hasta que consiguió una audiencia con el papa, quien le dio su bendición. Es difícil saber qué significó para él la bendición papal. ¿Quizás el necesitado rey de la casa simplemente buscaba una validación? Es posible que la religión fuera solo otro tema importante para sus obras. En sus escritos adopta el papel de Dios de manera irreverente: «Yo, Dalí, debería usar mi obra para demostrar la unidad del universo, mostrando la espiritualidad de toda sustancia».

La pintura *Cristo de San Juan de la Cruz* tiene el tamaño de una gran obra religiosa. La intención de Dalí era captar la «belleza mística de Cristo». Dalí sitúa el crucifijo en Port Lligat, sobre el paisaje que se ve desde la puerta de la casa del artista, con el bote amarillo de Gala amarrado en la playa en primer plano. Es una crucifixión tranquila: no hay clavos en la cruz, y el cuerpo de Cristo no derrama ni una gota de sangre. En la Biblia, Jesús grita: «Dios mío, ¿por qué me has abandonado?». Pero el Cristo de Dalí no está solo. La presencia del Padre queda implícita en la extraordinaria perspectiva. La figura de Cristo aparece representada en las alturas, dejando entender que el Padre está observando a su hijo desde el cielo. La intimidad implícita entre Dios y su hijo refleja quizá la reconciliación de Dalí con su propio padre.

La pintura es, sin duda, una obra maestra: es una síntesis de ideas e intereses. Si bien en su día trató de reconciliar el surrealismo con el realismo, ahora Dalí mezcla lo espiritual con la objetividad científica. Dalí se refería a su nueva fe con el nombre de «misticismo nuclear». La referencia más explícita a la física nuclear es el círculo oscuro que rodea la cabeza de Cristo, que pretende representar «el núcleo del átomo». La composición de la pintura está basada en estrictas proporciones matemáticas: el reino de Dios está situado justo encima de un paisaje pintado al detalle. El cuerpo de Cristo responde a meticulosos análisis. Después de un arduo proceso de selección, Dalí eligió a Russell Saunders, que trabajaba como doble en Hollywood, para que le hiciera de modelo para pintar a Cristo. Dalí colgó a Saunders de una grúa para ver cómo reaccionaban los músculos a la fuerza de gravedad.

La combinación de ideales culmina con una escena de la crucifixión muy peculiar. Por lo general, las representaciones realistas ponen énfasis en el dolor físico de Cristo. Dalí, en cambio, pone en primer plano la belleza de Cristo. Al bajarlo de la cruz, Cristo bien podría confundirse con un saltador profesional. Lo espiritual casi roza lo *kitsch*.

CASA DE DALÍ, PORT LLIGAT, 1930-1982

DALÍ Y GALA TRANSFORMARON SU HUMILDE CABAÑA DE PESCADORES EN UNA MAGNÍFICA RESIDENCIA. EL INTERIOR ES SOBRIO. EN LA VIVIENDA SE VIVEN MOMENTOS SURREALISTAS: EN LA ENTRADA HAY UN OSO POLAR CON COLLARES Y BASTONES CON PIEDRAS PRECIOSAS. EL INTERIOR ES COMO UN LABERINTO: LAS ESTANCIAS ESTÁN DISPUESTAS EN DIFERENTES ALTURAS, LOS PASILLOS SON ESTRECHOS Y LABERÍNTICOS E INCLUSO HAY UNA ESPECIE DE CALLEJÓN SIN SALIDA. NO OBSTANTE, EN LA VIVIENDA SE RESPIRA CALMA Y TRANQUILIDAD. LAS HABITACIONES, CON SUS PAREDES ENCALADAS Y SUS COLORIDAS ALFOMBRAS, SON ACOGEDORAS. LOS MUEBLES SON AUSTEROS Y CLÁSICOS, Y EL COLOR SE USA CON MODERACIÓN. ALGUNAS DE LAS HABITACIONES ESTÁN DECORADAS A PARTIR DE UN COLOR CENTRAL. EL EXTERIOR SE DISEÑÓ DESPUÉS DE LA GUERRA Y SU ESTILO ES MUY DIFERENTE: EL EXHIBICIONISMO ESTRAFALARIO SE MEZCLA CON LA DESESPERACIÓN DE UN HOMBRE MAYOR QUE INTENTA IMPRESIONAR A LOS JÓVENES.

LA TERRAZA SE AÑADIÓ EN 1948. DALÍ HIZO PLANTAR OLIVOS EN GIGANTESCAS TAZAS DE CAFÉ.

EN 1970, DALÍ DISEÑÓ UNA PISCINA CON FORMA FÁLICA, DONDE ENTRETENÍA A SU CORTE DE HIPPIES. SEGÚN AMANDA LEAR, ERA «UN SINSENTIDO», UNA ACUMULACIÓN DE OBJETOS SURREALISTAS, OBJETOS KITSCH, ANIMALES DISECADOS, TESOROS MARINOS Y PLANTAS.

CON UNA PROFUNDIDAD DE POCO MÁS DE UN METRO Y FORRADA DE ERIZOS DE MAR Y CURIOSAS PIEDRAS, LA PISCINA ERA COMO UNA ESPECIE DE ESTANQUE DE ROCAS.

GALA SE RESERVÓ LA CAVERNOSA Y AUSTERA SALA OVAL PARA SU USO Y DISFRUTE.

EL ENORME RESPETO QUE TENÍA DALÍ POR LA ZONA SE REFLEJA EN EL USO DE MATERIALES LOCALES EN LA CONSTRUCCIÓN: LAS TEJAS DE TERRACOTA DEL TEJADO Y LOS AZULEJOS DE BARRO DE LA TERRAZA Y LOS ESCALONES DE PIZARRA AUTÓCTONA. LOS PAVIMENTOS DEL INTERIOR DE LA CASA SE CUBRIERON CON ALFOMBRAS DE ESPARTO FABRICADAS EN LA ZONA.

OSO POLAR DISECADO

SOFÁ MAE WEST

El museo surrealista más grande del mundo

La mayor creación de Dalí es el Museo-Teatro de Figueres. Es la atracción surrealista por antonomasia. Según Amanda Lear, Dalí quería «fantasía, desorden y una total ausencia de pomposidad». Es una bóveda del placer que albergan las fantasías de Dalí: desde el oso en la escalera hasta la alucinógena sala Mae West. El museo alberga una mezcla de arte, curiosas antigüedades, rarezas biológicas, atracciones de feria y joyas de la magnífica colección de Dalí.

En la sala Mae West, Dalí crea una «doble realidad» en un espacio habitable. Las obras de arte y los muebles están dispuestos de tal manera que en conjunto conforman el rostro de Mae West: los dos cuadros son los ojos; las cortinas, el pelo; el sofá, los labios; y la chimenea, la nariz. El sofá constituye el centro de atención de la sala. A Dalí le fascinaban los labios de Mae West: eran la esencia de la estrella de Hollywood. Al entrar en la sala, el visitante puede sentarse en el sofá: la experiencia está intencionadamente cargada de humor e insinuaciones sexuales.

El museo abrió sus puertas el 28 de septiembre de 1974 con un espectáculo de animales circenses y *majorettes*: parecía más una fanfarria que un evento artístico internacional. Dalí apareció con un nardo (la flor que su madre cultivaba en el balcón) y acompañado de Amanda Lear; Gala, mientras tanto, buscaba entre la multitud al cantante Jeff Fenholt, con quien estaba teniendo una aventura. La desastrosa inauguración era un reflejo de la caída que había sufrido la reputación de Dalí.

Escándalos económicos

La bestia GalaDalí se había vuelto insaciable, y la situación económica de la pareja era absurda. Para evitar pagar impuestos, Gala llevaba el dinero encima dondequiera que fuera, cruzando descaradamente las aduanas cargada con maletas llenas de billetes. Tenían cuentas corrientes en Suiza y dinero en metálico repartido por la casa. A mediados de la década de 1960, Dalí empezó a firmar hojas de papel en blanco. En principio, la idea era que los editores las usaran después en la imprenta, pero las hojas se acabaron vendiendo de manera ilegal, y el mercado se llenó de falsificaciones. Pero a Dalí no le preocupaba: «Ya he cobrado lo que me pagaron por la obra al comprarla». En 1975, la oficina estadounidense de recaudación de impuestos puso en marcha una investigación fiscal contra Dalí.

Sala Mae West del Teatre-Museu Dalí
Salvador Dalí, h. 1974

Varios materiales y tamaños
Teatre-Museu Dalí, Figueres
Basado en una pintura titulada *Retrato de Mae West que puede utilizarse como apartamento surrealista* (1934/35)

entre Gala y Jeff Fenholt empezó a atormentar a Dalí: temía
donara. Al parecer, Gala calmó a su inquieto marido con
tos que le provocaban síntomas parecidos a los del Parkinson:
es en la mano hicieron que tuviera que dejar de pintar.
de un desgraciado final.

o de 1982 Gala falleció en la casa de Port Lligat. Dalí sabía
ería que la enterraran en el castillo de Púbol, y como temía que
des insistirían en darle sepultura en el lugar donde había muerto,
cha su último drama surrealista. Después de atar el cadáver de
nto de su querido Cadillac, su enfermera lo trasladó hasta Púbol,
nterrada en la cripta del castillo ataviada con su vestido de Dior
lo y con su característico lazo de terciopelo negro. Dalí ordenó
an un ramo de nardos sobre el ataúd. No se vio con fuerzas para
uneral. Pocas horas después fue a visitar su tumba acompañado
, a quien le dijo: «Mira, no estoy llorando».

lí perdió las ganas de vivir. Según su vieja amiga y mecenas
tto, «Tenían sus diferencias, y discutían con frecuencia [...] pero no
el uno sin el otro. Gala era el pilar, la fuerza de voluntad. Y se fue. Dalí
no un niño abandonado por su madre». Se encerró en el dormitorio
e negó a comer. Una noche hubo un incendio en la vivienda y Dalí
s quemaduras. Logró sobrevivir y vivió unos cuantos años más,
tencia se había vuelto miserable. En 1988 su salud se deterioró
e obsesionó con que quería ver al rey de España, Juan Carlos.
eseo se vio cumplido cuando el 5 de diciembre el rey fue a verle
Murió pocas semanas después, el 23 de enero de 1989.

a preparado para la vida después de la muerte. Su cuerpo fue
do, su bigote encerado y fue enterrado en la cúpula de su museo
una sencilla túnica beis. El lugar donde está enterrado sigue
ma controvertido. Inicialmente Dalí quería que lo enterraran
ina, pero en las últimas semanas de su vida cambió de idea.
indicado que repose en su propio mausoleo personal,
soro.

Dalí sentado en un trono
27 de septiembre de 1974, Cadaqués

Fotografía: John Bryson

Créditos de las imágenes

Todas las ilustraciones son de Andrew Rae

Todas las obras son de Salvador Dalí, incluidas las que aparecen en las ilustraciones: todos los derechos de las imágenes son propiedad de Salvador Dalí. Fundació Gala-Salvador Dalí, Figueres y DACS, Londres, 2014.

4 akg-images/Colección Dupondt, **21** Iberfoto/Alinari Archives, **22** akg-images, **24** © DACS 2014, **25** Imagen digital. Museum of Modern Art, Nueva York/Scala, Florencia. © ADAGP, París y DACS, Londres, 2014, **27** Alinari Archive/Iberfoto, **29** Imagen digital. Museum of Modern Art, Nueva York/Scala, Florencia. © ARS, Nueva York, y DACS, Londres 2014, **31** superior e inferior: Buñuel/Dalí/The Kobal Collection, **32** Salvador Daí Museum, St. Petersburg, Florida/Bridgeman Art Library, **37** Corbis/Araldo de Luca, **43** Imagen digital. Museum of Modern Art, Nueva York/Scala, Florencia, **53** The Salvador Dalí Museum, St. Petersburgo, Florida, Estados Unidos/The Bridgeman Art Library, **61** © Chupa Chups: con autorización del propietario de la marca, **63** Photofest, **35** Topfoto/Roger-Viollet, **68** Magnum Photos/Philippe Halsman, **69** Alinari Archives/Iberfoto; fotografía de M. C. Esteban, **70** Art Gallery and Museum, Kelvingrove, Glasgow, Escocia/ © Culture and Sport Glasgow (Museos)/The Bridgeman Art Library, **75** Alamy/ Howard Sayer, `**77** Corbis/Sygma/John Bryson

Bibliografía

Ades, Dawn, *Dalí,* Folio, 1984.

Ades, Dawn; Simon Baker (eds.), *Undercover Surrealism, Georges Bataille and DOCUMENTS,* MIT Press, 2006.

Bataille, Georges, *El erotismo,* Tusquets, 2007.

Brassaï, George, *Conversaciones con Picasso,* Turner-Fondo de Cultura Económica, Madrid, 2002.

Caws, Mary Ann, *Salvador Dalí,* Reaktion Books, 2008.

Dalí, Salvador, *La vida secreta de Salvador Dalí,* Dasa, 1981.

— *Rostros ocultos,* Plaza y Janés, 1983.

«Dali's display», *Time,* Lunes 27 de marzo de 1939.

Elsohn, Ross, *Michael Salvador Dali and the Surrealists: Their Lives and Ideas,* Chicago Review Press, 2003.

Etherington-Smith, Meredith, *The Persistence of Memory: A Biography of Dalí,* Random House, 1993.

Fanés, Fèlix, *Salvador Dalí: la construcción de la imagen 1925–1930,* Electa, 1999.

Finkelstein, Haim (ed), *The Collected Writings of Salvador Dalí,* Cambridge University Press, 1998.

Freud, Sigmund, *La interpretación de los sueños,* Akal, 2013.

Gala-Salvador Dalí Foundation, *Salvador Dalí: An Illustrated Life,* Tate Publishing, 2007.

Gale, Matthew (ed.), *Dalí y el cine,* Electa, 2008.

Gibson, Ian, *La vida desaforada de Salvador Dalí,* Anagrama, 1998.

Hamalian, Linda, *The Cramoisy Queen: A Life of Caresse Crosby,* Southern Illinois University Press, 2009.

Krauss, Rosalind, *El inconsciente óptico,* Tecnos, 2013.

Lear, Amanda, *El Dalí de Amanda,* Planeta, 1985.

McGirk, Tim, *Gala, ¿musa o demonio?,* Grijalbo, 1989.

Mundy, Jennifer; Dawn Ades (eds.), *Desire Unbound,* Tate Publishing, 2001.

Raeburn, Michael (ed.), *Salvador Dalí: The Early Years,* South Bank Centre, 1994.

Rojas, Carlos, *Salvador Dalí o el arte de escupir en el retrato de la propia madre,* El Café Literario , 1987.

Schaffner, Ingrid, *Salvador Dalí's Dream of Venus: The Surrealist Funhouse from the 1939 World's Fair,* Princeton Architectural Press, 2002.

Thurlow, Clifford, *Sexo, surrealismo, Dalí y yo,* RBA Libros, 2001.

Agradecimientos

Para Matthew, con amor.

Mi más sincero agradecimiento a Laurence King por aceptar un proyecto tan arriesgado. Le estoy muy agradecida a Angus Hyland por su dirección creativa. También quisiera dar las gracias a Jo Lightfoot por apoyarme en todo momento; a Melissa Danny por su atenta dirección y esmerada edición, y a Julia Ruxton por haber encontrado unas imágenes tan maravillosas. Muchas gracias también a Andrew Rae por apoyar el proyecto desde el principio. También le estoy enormemente agradecida a Sara Roveta por apoyarme y animarme en las primeras fases del proyecto, y a Jo Marsh por sus generosas aportaciones.

Quisiera también dar las gracias a mi madre y a mi padre por apoyarme desde hace tantos años. Gracias, Lulu y Sam, por todos los momentos de diversión.

Catherine Ingram, 2013

Catherine Ingram

Catherine es historiadora del arte y trabaja como autónoma. Se licenció con matrícula de honor en la Universidad de Glasgow. Tras estudiar un máster en arte del siglo XIX en el Courtauld Institute of Art, obtuvo una beca del Trinity College de Oxford. Después de concluir su doctorado, fue nombrada Prize Fellow por el Magdalen College de Oxford. Catherine ha impartido clases de máster en Christie's y ha dado conferencias sobre historia del arte a científicos en el Imperial College. También ha impartido cursos en la Tate Gallery y ha trabajado como asistente personal en la South London Gallery. Vive en Londres con su familia.

Andrew Rae

Andrew es ilustrador y miembro del colectivo de ilustradores Peepshow. Estudió en la Universidad de Brighton y ha trabajado en publicidad, en el ámbito editorial y en el campo de la animación para varios clientes en todo el mundo. Actualmente vive y trabaja en Londres.